Visuelle Kulturen/Visual Culture zur Einführung

Marius Rimmele/Bernd Stiegler

Visuelle Kulturen/Visual Culture zur Einführung

JUNIUS

Wissenschaftlicher Beirat
Michael Hagner, Zürich
Ina Kerner, Berlin
Dieter Thomä, St. Gallen

Junius Verlag GmbH
Stresemannstraße 375
22761 Hamburg
www.junius-verlag.de

© 2012 by Junius Verlag GmbH
Alle Rechte vorbehalten
Umschlaggestaltung: Florian Zietz
Titelbild: © J.R. EYERMAN
The LIFE Picture Collection via Getty Images
Satz: Junius Verlag GmbH
Printed in the EU 2019
ISBN 978-3-88506-060-4
2., ergänzte Auflage 2019

Die Deutsche Nationalbibliothek – CIP-Einheitsaufnahme

Bibliografische Information der Deutschen Nationalbibliothek
Die Deutsche Nationalbibliothek verzeichnet diese Publikation in der
Deutschen Nationalbibliografie; detaillierte bibliografische Daten
sind im Internet über http://dnb.dnb.de abrufbar.

Zur Einführung ...

... hat diese Taschenbuchreihe seit ihrer Gründung 1977 gedient. Zunächst als sozialistische Initiative gestartet, die philosophisches Wissen allgemein zugänglich machen und so den Marsch durch die Institutionen theoretisch ausrüsten sollte, wurden die Bände in den achtziger Jahren zu einem verlässlichen Leitfaden durch das Labyrinth der neuen Unübersichtlichkeit. Mit der Kombination von Wissensvermittlung und kritischer Analyse haben die Junius-Bände stilbildend gewirkt.

Seit den neunziger Jahren reformierten sich Teile der Geisteswissenschaften als Kulturwissenschaften und brachten neue Fächer und Schwerpunkte wie Medienwissenschaften, Wissenschaftsgeschichte oder Bildwissenschaften hervor. Auch im Verhältnis zu den Naturwissenschaften sahen sich die traditionellen Kernfächer der Geisteswissenschaften neuen Herausforderungen ausgesetzt. Diesen Veränderungen trug eine Neuausrichtung der Junius-Reihe Rechnung, die seit 2003 von der verstorbenen Cornelia Vismann und zwei der Unterzeichnenden (M.H. und D.T.) verantwortet wurde.

Ein Jahrzehnt später erweisen sich die Kulturwissenschaften eher als notwendige Erweiterung denn als Neubegründung der Geisteswissenschaften. In den Fokus sind neue, nicht zuletzt politik- und sozialwissenschaftliche Fragen gerückt, die sich produktiv mit den geistes- und kulturwissenschaftlichen Problemstellungen vermengt haben. So scheint eine erneute Inventur der Reihe sinnvoll, deren Aufgabe unverändert darin besteht, kompetent und anschaulich zu vermitteln, was kritisches Denken und Forschen jenseits naturwissenschaftlicher Zugänge heute zu leisten vermag.

Zur Einführung ist für Leute geschrieben, denen daran gelegen ist, sich über bekannte und manchmal weniger bekannte Autor(inn)en und Themen zu orientieren. Sie wollen klassische Fragen in neuem Licht und neue Forschungsfelder in gültiger Form dargestellt sehen.

Zur Einführung ist von Leuten geschrieben, die nicht nur einen souveränen Überblick geben, sondern ihren eigenen Standpunkt markieren. Vermittlung heißt nicht Verwässerung, Repräsentativität nicht Vollständigkeit. Die Autorinnen und Autoren der Reihe haben eine eigene Perspektive auf ihren Gegenstand, und ihre Handschrift ist in den einzelnen Bänden deutlich erkennbar.

Zur Einführung ist in der Hinsicht traditionell, dass es den Stärken des gedruckten Buchs – die Darstellung baut auf Übersichtlichkeit, Sorgfalt und reflexive Distanz, das Medium auf Handhabbarkeit und Haltbarkeit – auch in Zeiten liquider Netzpublikationen vertraut.

Zur Einführung bleibt seinem ursprünglichen Konzept treu, indem es die Zirkulation von Ideen, Erkenntnissen und Wissen befördert.

Michael Hagner
Ina Kerner
Dieter Thomä

Inhalt

1. Einleitung: Visuelle Kulturen –
   Kulturalität des Auges 9

2. Das historische Auge –
   Visualitäten als Epochensignatur? 27

3. Das postkoloniale Auge –
   die visuelle Konstitution des Anderen 46

4. Das mediale Auge –
   Medientheorien der Visualität 62

5. Das doppelte Auge –
   vom monokularen zum physiologischen Sehen 80

6. Das innere Auge –
   Selbstbild und Identifikation 96

7. Das beobachtende Auge –
   vom Panoptismus zu CCTV 111

8. Das konsumierende Auge –
   Warenspektakel und Ideologiekritik 125

9. Das wissenschaftliche Auge –
   Wahrnehmung und Wissenschaftsgeschichte 144

10. Schluss: Visual Culture als Forschungsfeld 159

Anhang
   Anmerkungen 166
   Namenregister 179
   Abbildungsverzeichnis 183
   Über die Autoren 184

1. Einleitung: Visuelle Kulturen – Kulturalität des Auges

In den letzten zwei Jahrzehnten sind Bilder ein modischer Forschungsgegenstand geworden. Gerade im deutschsprachigen Raum hat die Frage danach, wie Bilder wirken, wie sie kommunizieren und was ein Bild von einem Nicht-Bild oder aber einem sprachlichen Text unterscheidet, enorm an Interesse gewonnen. Doch der faszinierte Blick auf die Bilder als Phänomene eigenen Rechts sollte nicht die Tatsache verdecken, dass man, gerade was Wirkungen anbelangt, schnell zu kurz greift, wenn man das Bild nicht in einem breiteren kulturellen Kontext verortet. Wirkungen wie Bedeutungen sind eingebettet in gesellschaftliche Symbolsysteme, Normen, Praktiken und Machtkonstellationen etc. Auch die unbestrittene besondere Wirksamkeit von Bildern innerhalb dieser Zusammenhänge dürfte in vielen Fällen von der Tatsache herrühren, dass sie *visuell* erfasst werden, wie etwa auch begehrenswerte Menschen, Bergpanoramen und Karnevalsumzüge. Damit ist nicht gesagt, dass das symbolische Medium Bild bzw. konkreter: die uns begegnende Vielzahl an Bildern, nicht eine herausgehobene Position innerhalb der visuell wahrnehmbaren Phänomene einnehmen können. So suggerieren sie uns z.B. anhand tradierter Muster, welche Personen besonders attraktiv sind, oder bringen aufgrund der Formen malerischer Darstellung einen ästhetischen Blick auf Landschaft überhaupt erst hervor. Bilder sind jedoch prinzipiell eingebettet in Praktiken des Blickens, Zu-Sehen-Gebens, der Repräsentation, die zum Teil auch ganz ohne materielle Fixierung ihre Wirkung entfalten. Will man aus ›dem Bild‹ keinen Fetisch machen – nach Sigmund Freud etwas Unbelebtes, dem aber angst- und zugleich lustvoll Lebendigkeit unterstellt wird – und nicht alle Wirkung in seine spezifische Medialität projizieren, so lohnt sich eine regelmäßige Besinnung darauf, dass die Funktion von Bildern in einem größeren Ganzen zu verorten ist, dass sie ein – wenn auch besonderer – Teil im Beziehungsfeld von Kultur und Visualität sind.[1]

Das Thema dieser Einführung sind dementsprechend nicht Bilder, auch nicht Architektur, Mode, Design oder andere visuelle Objekte, sondern prinzipielle Verflechtungs- und Bedingungsverhältnisse von Kultur und Visualität: Es wird also um die visuelle Verfasstheit von Kulturellem, aber auch die auf den ersten Blick vielleicht weniger einleuchtende kulturelle Verfasstheit von Sehvorgängen gehen. Das ist kein Befund, der erst mit den *Visual Culture Studies* aufgekommen ist. Bereits in den 1930er Jahren postulierte Walter Benjamin, dass sich »mit der gesamten Daseinsweise der menschlichen Kollektiva auch die Art und Weise ihrer Sinneswahrnehmung [verändert]« und dass diese »nicht nur natürlich sondern auch geschichtlich bedingt« sei.[2] Wahrnehmung, so die These, ist kein biologisches Faktum, sondern eine kulturelle Variable. Spricht man von einer historisch sich wandelnden, gesellschaftlichen Beeinflussung der Sinneswahrnehmung, die nicht zuletzt abhängig vom »Medium, in dem sie erfolgt«[3] sei, so geht man von kulturellen Faktoren aus. Es wird zu zeigen sein – und vielleicht ist das die entscheidende Operation einer jeden Analyse des Visuellen, die sich als Kritik versteht –, dass etwas vermeintlich Biologisches und ›Natürliches‹ wie das menschliche Sehen immer auch schon dem anderen Bereich der Natur/Kultur-Unterscheidung zufällt, sobald es um mehr geht als Lichteinfall in eine Linse. Mediale Zurüstungen des Auges spielen dabei ebenso eine Rolle wie libidinöse Besetzungen oder disziplinierende Beschränkungen des Gesehenen. Und dieses Gesehene wiederum wird unausweichlich vor dem Hintergrund kollektiv geteilter Verständnismuster und Erwartungshaltungen ›verarbeitet‹. Bereits was Gegenstand des Sehens werden darf, wen oder was ich ansehe, und erst recht, wie ich mich den (imaginierten) Blicken anderer präsentiere, ist abhängig von kulturellen Bedingungen. Noch offensichtlicher ist, dass die symbolischen Besetzungen des Sehens kulturelle Variablen darstellen, der Stellenwert in einer Hierarchie der Sinne etwa oder die Qualität des Sehens als Metapher für Erkenntnis.

In dieser Einführung sollen dementsprechend diverse »Kulturen des Auges« vorgestellt werden, um so die Vielfältigkeit der Verwobenheit von Kultur und Sehen/Sichtbarkeit nicht nur *vor Augen zu führen*, sondern auch kritisch befragbar zu machen. Die einzelnen Kapitel nehmen unterschiedliche Phänomene und Fragen in den Blick und rufen dabei auch jeweils andere Referenztheorien auf. Sie können vielleicht als eine Art theoretischer Handwerkskasten beschrieben werden und tragen auch der Pluralität des Theorie- wie Anwendungsfeldes ›visueller Kulturen‹ Rechnung. Die einzelnen Fächer sind zwar erst einmal voneinander unabhängig, jedoch muss man, um bestimmte Zusammenhänge zu erschließen, mitunter auf mehrere Theoriewerkzeuge zurückgreifen. Ziel ist dabei, Zugänge für eine theoretische wie praktische Kritik zu eröffnen. Und es gilt die Faustregel: Je unmittelbarer Gesehenes auf uns zu wirken scheint, je ›natürlicher‹ (alltäglicher, unbearbeiteter) es daherkommt, desto schwieriger ist es, sich einen Abstand kritischer Reflexion und Interpretation zu erarbeiten, wie ihn Rhetorik, Linguistik, Literaturwissenschaft und Philosophie für Texte schon lange bereitstellen. Texte sind offensichtlich als gemachte Zeichengebilde zu erkennen; Photos, Filme, wissenschaftliche Illustrationen oder Spektakel wie

Karnevalsumzüge hingegen machen in verschiedener Weise bestimmte Aspekte ihrer *Gemacht- und Gewordenheit* leicht vergessen. Um das Spektrum visueller Kulturen angemessen – wenn auch nie vollständig – und mitsamt den wichtigsten Referenztheorien und ihren Anwendungsfeldern darzustellen, haben wir uns entschlossen, acht Bereiche auszuwählen, die je einen anderen Fokus haben und paradigmatisch zu verstehen sind. Theoretischen und thematischen Überschneidungen haben wir versucht, durch Querverweise innerhalb der einzelnen Kapitel zu begegnen. Am Ende jedes Kapitels steht eine knappe Auswahlbibliographie mit weiterführenden Literaturhinweisen. Diese wurde auf jeweils zehn Titel beschränkt.

Warum aber der Plural in »Kulturen des Auges«? Worin unterscheiden sich diese »Kulturen«? Noch vor einer Pluralität der Visualitäten haben wir der Tatsache Rechnung zu tragen, dass es mehrere Facetten, wenn nicht gar völlig verschiedene Konzepte von ›Kultur‹ gibt, die wir oft nebeneinander verwenden, ohne uns dessen immer bewusst zu sein. ›Kultur‹ kommt vom lateinischen »colere«, was so viel wie *pflegen* bedeutet, und wird zunächst im Zusammenhang mit der landwirtschaftlichen Bestellung des Bodens gebraucht, bereits in der Antike aber auch auf andere Bereiche wie den Menschen selbst und den *cultus*, der den Göttern zukam, übertragen. So wurden »Agritechniken zum Modell des Begreifens von mentalen, sozialen, religiösen, erzieherischen Meliorationen, mithin der ›Kultivierung‹ einer Gesellschaft oder eines Individuums«[4]. Von Beginn an ist also die Unterscheidung zur »Natur« als grundlegendstem Gegenbegriff angelegt: Aus einem Stück Natur wird durch Pflege Kultur – etwa indem man es pflügt –, und aus einem zweibeinigen Tier durch Kultivierung ein sozialfähiger Mensch. Auf dem antiken Grundkonzept, das auch die sukzessive Verfeinerung und rituelle wie technische Durchdringung aller denkbaren Bereiche menschlichen Wirkens mit einschließt (Weinkultur, Streitkultur etc.), ruhen weitere Spielarten des Kulturbegriffs auf, die zum Teil neue Gegenbegriffe nach sich ziehen. Vier Aspekte sind hier anzuführen:

1. Verwendungen, die mehr oder minder synonym zu *Zivilisation* zu verstehen sind, positionieren den Kulturbegriff meist auf einem Zeitstrahl, als Geschichte oder sogar als Fortschritt. Dies hat bekanntlich dazu geführt, dass sich die Europäer lange berechtigt gefühlt haben, ihre Kultur als fortschrittlichste zu verallgemeinern und zum Vorbild zu erklären. Andere Gesellschaftsformen wurden als ›primitiv‹, also im negativen Sinne ›natürlich‹ angesehen, unterworfen und kolonisiert. Dass es auch immer wieder umgekehrte, also *kulturkritische* Bewertungen gab, als deren prominenteste wohl immer noch Jean-Jacques Rousseaus Idealisierung des menschlichen Naturzustandes gelten darf, ändert wenig an der Problematik dieser zugleich universalisierenden und vergeschichtlichenden Konzeption, die andere Lebensweisen auf frühere Zustände der eigenen bezieht. Nicht nur in diesem Fall zeigt sich, dass die Kultur/Natur-Unterscheidung auch im Bereich dessen, was von Menschen gemacht (und daher per definitionem ›Kultur‹) ist, mit wertender Absicht wiederholt werden kann.

2. Auch innerhalb *einer* Zeit und Gesellschaft kann durch Zuspitzung des Kulturbegriffs eine Sphäre elitärer ›Kultur‹ (im Sinne von *Hochkultur*) von vermeintlich dumpfen Massenvergnügungen abgegrenzt werden. Es handelt sich um eine bürgerliche Spielart der Selbstvervollkommnung, die sich seit dem 18. Jahrhundert besonders auf dem Feld ästhetischer Hervorbringungen und Urteile ihrer Kultiviertheit versichert. »Hochkultur impliziert eine vertikale Struktur und beansprucht Höhe im doppelten Sinne als soziale Verortung in der Gesellschaft und als ästhetische Wertung künstlerischer Spitzenleistungen.«[5] Der eigentliche

Gegenbegriff wäre Nicht-Kultur oder auch hier ›das Primitive‹. Erneut scheint die fundamentale Unterscheidung von Natur und Kultur durch.

3. Eine weitere Begriffskonzeption stellt weniger den Fortschrittsaspekt ins Zentrum, sondern die entstehende, sich weiter verfeinernde Vielfalt von Lebensformen. Dieser andere Aspekt betont Differenzierungen innerhalb und zwischen einzelnen kulturellen Feldern. Der Gegenbegriff einer solchen Begriffsverwendung von ›Kultur‹, die eigentlich kein Außen oder Jenseits des Kulturellen mehr kennt, wäre wertneutral schlicht eine *andere* Kultur. Wie weit oder eng man hingegen solche ›Kulturkreise‹ zieht, bleibt eine Frage der Konvention und der Absicht. Die tatsächliche Homogenität einer Kultur in diesem Sinne (etwa als einer geographisch lokalisierbaren Sprachgemeinschaft mit gemeinsamer Geschichte und gemeinsamen Verhaltensweisen und Normen) wird zumeist eher von außen zugesprochen oder von innen beschworen, als dass sie einfach ablesbar wäre. Durch allen Wandel hindurch stabile Kultureinheiten entstehen nur durch Fremd- und Selbstzuschreibungen. Noch größere Kultureinheiten bilden etwa Religionen aus, die in Vergangenheit und Gegenwart in besonderer Weise als Begründungen für kriegerische Konflikte zu dienen hatten. Mitunter hat man den Eindruck, dass die ›westliche Kultur‹ nach dem Ende des Kalten Krieges nicht mehr einem nicht-kapitalistischen Gegenmodell, sondern vielmehr dem Islam gegenüberzustehen scheint. So mancher sieht einen religionsbasierten »Kampf der Kulturen« als »Stammeskonflikt im Weltmaßstab« drohen.[6] Während derart großformatige Kulturen vor allem dort beschworen werden, wo Konflikte mit Bedeutung und Geschichte versehen werden müssen oder sozialer Zusammenhalt zu organisieren ist, splittern selbst lange existierende Nationalstaaten sich bei genauerem Hinsehen in eine Unzahl von Subkulturen auf.

4. Dieser vierte Aspekt betont eine strukturelle Heterogenität von Kulturen als Konsequenz von gesellschaftlichen Entwicklungsprozessen. Solche können sich nicht nur um ethnische Minderheiten, sondern auch um Klassenunterschiede, sexuelle Vorlieben, letztlich sogar Musik- oder Modegeschmack organisieren. Und damit sind die neuesten Tendenzen seit Bestehen des Web 2.0 noch gar nicht benannt. Die postkoloniale Theorie, der ein eigenes Kapitel gewidmet ist, hat zudem dafür sensibilisiert, dass sogar ein Individuum mehreren Kulturen zugehören kann, selbst wenn man den Begriff auf die großen Gruppen beschränkt. Geht man den Schritt von der Volksgruppe zur innergesellschaftlichen Pluralität der Lebensformen, nähern sich die Gegensatzpaare *Kultur – andere Kultur* und *Hochkultur – Nicht-Kultur* einander an. Sie treffen sich in Konstellationen wie *hegemoniale Kultur – Subkultur*. In der jeweiligen Bewertung solcher Konstellationen liegt das Potential für einen Kampf zwischen dem von Gralshütern bewachten Kanon anerkannter Meisterwerke, universal gültiger ästhetischer Urteile und geschmacklicher Distinguiertheit einerseits und dem Bemühen von Gruppen, ihr Schönheitsideal, ihre Bilder und ihren eigenen Geschmack anerkannt und repräsentiert zu sehen. Dass Kulturen in sich niemals statisch homogen sein können, hat schon allein damit zu tun, dass sie keine isolierten Monaden sind, sondern in ständigem Austausch mit anderen Kulturen und deren Codes begriffen sind.[7]

Versuchen wir vor diesem Hintergrund diverse visuelle Kulturen und deren Dynamiken zu fassen zu bekommen, so ist zunächst danach zu fragen, wo sich eine Kultur denn überhaupt beobachten lässt. Zudem ist zu erwägen, in welcher Weise dergestalt plurale Kulturen mit Phänomenen des Visuellen verknüpft sind, warum man also mit Fug und Recht von »visuellen Kulturen« sprechen kann. Visualität bezeichnet dabei – und das sei nachdrücklich wiederholt – weit mehr als den Bereich der Bilder.

Für den auf gemeinsame Lebensbedingungen an einem Ort referierenden Typ von ›Kultur‹ kann man natürlich prinzipiell auf *Selbstbeschreibungen* bzw. implizite wie explizite Abgrenzungen zurückgreifen, typischerweise in Form von Erzählungen, aber auch von Selbst- und Fremdbildern, die selbst in textueller Form noch Visuelles verhandeln. Kulturen haben zudem nicht nur zentrale Texte, sondern auch Bilder bzw. Bildformeln, die ihr Gedächtnis sichern. Auf solche Zusammenhänge zielte bereits einer der Urväter einer deutschen Kulturwissenschaft, Aby Warburg, als er Wanderungen und Umbesetzungen antiker Bildformeln bis in seine Zeit verfolgte.[8] Mit Clifford Geertz lässt sich Kultur als »selbstgesponnenes Bedeutungsgewebe« verstehen, in welches der Mensch »verstrickt ist«[9]. Mit anderen Worten: Kulturen sind *Symbolsysteme*, deren beobachtbare Oberfläche hochgradig visueller Natur ist, insbesondere Bilder und Gestaltungsformen, aber auch Rituale spielen dabei eine große Rolle. Ein weiteres, verwandtes ›Spielfeld‹ von Kultur sind »Überzeugungen und Praktiken«, die als »umfassende Kontrolltechnologie« fungieren und »eine Reihe von Beschränkungen [vorgeben], in denen sich das Sozialverhalten zu bewegen hat, ein Repertoire von Modellen, mit denen die Individuen konform gehen müssen«[10]. Auch damit lassen sich, etwa in Form sogenannter *Blickregime*, diverse Aspekte des Visuellen fassen, wie etwa im zweiten und im siebten Kapitel deutlich werden wird. Unter dieser Perspektive auf das Kulturelle wird auch klar, dass gerade dasjenige, was *nicht* zu sehen ist, das Unterdrückte, Verbotene und Marginalisierte, von besonderem Interesse für die Analyse einer Kultur sein kann.

Was kulturell ist, hat auch eine *Geschichte*, und Kulturen offenbaren sich leichter im Rückblick, in ihrer Differenz zum Jetztzustand. So bietet sich insbesondere ein Blick auf *historische Differenzen* zwischen Blick- bzw. Repräsentationskulturen an. Als

Beispiel dient das (späte) Mittelalter im folgenden Kapitel. Hier wollen wir nicht nur exemplarisch erproben, ob und wie sich eine kulturelle Formation in ihren visuellen Facetten skizzieren lässt, sondern auch der Frage nachgehen, wie präzise bzw. sinnvoll Grenzziehungen zwischen visuellen Kulturen sein können.

Walter Benjamin hat, wie wir gesehen haben, in seinen kulturtheoretischen Überlegungen historische Ablösungsprozesse von »Sinneswahrnehmungen«, also auch Visualität, mit *medialem Wandel* verknüpft. Nicht nur weil die Praktiken des Sehens, sondern auch weil Vorstellungen über das Wesen des Sehens stets von aktuellen Medien abhängig sind, lässt sich historischer Wandel visueller Kultur insbesondere in einer Mediengeschichte des Sehens fassen. Beispiele für diese Dimension finden sich besonders in den Kapiteln zwei, vier und fünf. Dabei gilt es auch zu bedenken, was der Bild-Text-Experte W.J.T. Mitchell nicht müde wird zu wiederholen: »Es gibt kein visuelles Medium. Alle Medien sind gemischte Medien, an denen die Sinne und Zeichentypen in unterschiedlichem Verhältnis beteiligt sind.«[11] Visuelle Aspekte des Kulturellen, so viel dürfte klar sein, lassen sich prinzipiell niemals gänzlich von anderen Sinnesdaten oder von Textualität isolieren.

Neben den zeitlichen Veränderungen gilt es, *räumlich* getrennten Kulturen und deren je spezifischer Visualität Beachtung zu schenken. Begegnen sie sich, lassen sich nicht selten Übersetzungsvorgänge und Uminterpretationen beobachten, die aus Missverständnissen resultieren. Denn selbst im Bewusstsein der Zugehörigkeit zu einer Kultur unter vielen lässt sich aus dieser Zugehörigkeit nicht einfach heraustreten. Dieses Faktum wirft auch methodologische Probleme auf, denen sich insbesondere die Ethnographie und Anthropologie, letztlich aber jede vergleichende Kulturwissenschaft stellen muss. Es treten aufgrund unterschiedlicher Kräfteverhältnisse auch Formen eines visuellen Kulturimperialismus auf – besonders dann, wenn sich eine Partei als zivilisierter als die andere versteht. Als Folge dessen kommt es zu Hybridisierungen, Mischungen, die letztlich eine neue, fluidere Kulturformation begründen. Beim Aufeinandertreffen zweier Kulturen lässt sich zudem der Vorgang visueller Alteritätsstiftung, der Konstruktion eines *Anderen*, als maßgebliche Arbeit an der eigenen Identität, die auf solche Absetzungen nach außen angewiesen ist, beobachten. Fragen dieser Art werden besonders im dritten Kapitel verhandelt.

Dass *Hochkultur*, die um Kunstwerke und deren richtige Wahrnehmung herum organisiert ist, auch etwas mit Visualität, mit dem richtigen Sehen und mit Repräsentation im öffentlichen Raum zu tun hat, dürfte unmittelbar einleuchten. Doch auch der Kampf der Gegen- und Subkulturen um öffentliche Anerkennung wurde und wird im Bereich des Sichtbaren entschieden, man denke nur an die *Gay-Pride*-Paraden, bei denen es nicht zuletzt um eine ostentative Sichtbarmachung von Homosexualität im öffentlichen Raum geht, oder an jede Form von Demonstration mit Plakaten, Guy-Fawkes-Masken usw.

Die Idee, dass alles, was Menschen »mit einem gewissen Grad an entwickelter Vielfalt und innerer Ausdifferenzierung«[12] tun, Anspruch auf den Kulturbegriff hat, speist auch einen wissenschaftlichen *shift* weg von kanonisierten hochkulturellen Artefakten hin zu jedweder Form menschlicher, sozial relevanter Visualität. Der kleinste gemeinsame Nenner aller wissenschaftlichen Bemühungen unter dem Label *Visual Culture* dürfte dabei die Annahme sein, dass die Legitimation dessen, was untersuchungswürdig ist, nicht von einem Status als Kunstwerk abhängig sein muss. In der theoretisch ausgedünntesten Version ist mit »visual culture of ...« die wie auch immer geartete Aufarbeitung eines thematisch oder zeitlich begrenzten Korpus von Bildern gemeint, die nie Kunst waren. Dieser Impuls einer Ausdehnung des akademischen Blicks auf Bilder jenseits der Kunst prägt auch das Verständnis der deutschen »Bildwissenschaft(en)«, ohne dass man die vor allem angelsächsisch geprägten *Visual Culture (Studies)* – dazu gleich mehr – mit diesen verrechnen könnte. Auf derartige Unterschiede und Gemeinsamkeiten werden wir auch im letzten Kapitel noch einmal genauer eingehen. Das Konzept vielfältig ausdifferenzierter Kulturen innerhalb einer Gesellschaft lässt sich mit Gewinn auch um spezifische Formen von visuellem Know-how herum lokalisieren. Wenn wir es mit der Annahme einer Interdependenz von Kultur und Visualität ernst meinen, müssen wir davon ausgehen, dass sich bestimmte Kulturen gerade durch ihre visuellen Praktiken und Techniken, die dabei verwendete Technologie und das Wissen um die generierten Bilder voneinander unterscheiden lassen. Dieser Ansatz wird z.B. explizit im neunten Kapitel verfolgt.

Abschließend muss noch gefragt werden, inwiefern der basalste Kulturbegriff, die Natur/Kultur-Unterscheidung, für das Verständnis von visuellen Kulturen eine Rolle spielt. Er scheint zunächst wenig fruchtbar, insofern alles, was an Visuellem vom Menschen hervorgebracht wird (wie etwa Bilder, Blickbeschränkungen, Spektakel, Sehapparaturen ebenso wie die symbolischen Überformungen des Sehens selbst), ja dem Bereich der Kultur zufallen muss. Doch wie bereits erwähnt, ist der theoretisch-methodische Grundimpuls einer analytisch-kritischen Beschäftigung mit Visualitäten gerade die Sensibilisierung dafür, dass alles Visuelle eben in diesem Sinne auch ›geworden‹ bzw. ›gemacht‹ ist. Es gibt Debatten darüber, inwiefern das Kulturschaffen des Menschen wiederum als seine Natur zu begreifen ist und inwiefern kulturelle Ordnungen und Praktiken immer bestimmten natürlichen Anlagen geschuldet sind. Vor diesem Hintergrund lassen sich die üblichen theoretischen Zugänge zu ›visueller Kultur‹ durchweg der anti-biologistischen Seite zuschlagen.[13] Das bedeutet aber nicht, dass physiologische und psychologische Prädispositionen einfach ignoriert würden. Im sechsten Kapitel, das sich den Zusammenhängen von psychischer Subjektbildung, Identifikation und Visualität widmet, werden wir uns einer solchen Schnittstelle zwischen menschlicher ›Natur‹ und Kultur annehmen.

Mit dem bloßen Abschreiten einer ohnehin nie erschöpflichen Vielfalt von »Kulturen des Auges« kann es also nicht getan sein, auch nicht, wenn es dabei gelingt, verschiedene Facetten von ›Kultur‹ abzudecken. Ein weiteres Kriterium beim Zuschnitt der Kapitel sind die jeweiligen verschiedenen Dynamiken, wie Visuelles jeweils ›kulturell wird‹ und kulturelle Parameter Sehverhältnisse prägen. Hier wirken mediale, soziale, symbolische, kommunikative, erkenntnisstiftende und nicht zuletzt psychische Faktoren. Vorzustellen sind konsequenterweise auch Instrumente, also Konzepte, Theorien, Methoden, mit deren Hilfe sich solche Prozesse und Relationen erst beschreiben und analysieren lassen. Die zu Beginn erwähnte besondere Rolle, die dabei von Bildern als auf Dauer gestellten Symptomen *und* Akteuren visueller Kulturalisierung eingenommen wird, gilt es trotz allem nicht aus dem Blick zu verlieren. Es geht, mit anderen Worten, um erste Elemente einer Kulturtheorie des Visuellen.

»Visuelle Kulturen«: Auch wenn die Wahl des Plurals nun einleuchten dürfte, ist an der Entscheidung, einen Gegenstandsbereich für eine Einführung auf diese Weise begrifflich einzugrenzen, einiges bemerkenswert. Kritische Stimmen könnten einwenden, es gebe zwar ein institutionalisiertes Forschungsfeld (mit eigenen Studiengängen, Zeitschriften, Einführungen etc.) namens *Visual Culture* oder *Visual Culture Studies* (zuweilen auch *Visual Studies*) in den anglophonen Ländern und anderswo, jedoch keine annähernd so etablierte Forschungsrichtung mit deutschem Namen. Die Rede von »visuellen Kulturen« sei daher ein Transfer eines Theoriesettings in ein gänzlich anders strukturiertes Wissenschaftsfeld. Doch abgesehen davon, dass es auch im deutschsprachigen Bereich vergleichbare, vor allem aus der feministischen Kunstgeschichte erwachsene Ansätze gibt, die den Namen *Visuelle Kultur* führen,[14] ist der Phänomenbereich, in den wir hier einführen wollen, nicht gänzlich deckungsgleich mit dem der *Visual Culture*, auch wenn es vor allem hinsichtlich der Theoreme, zum Teil auch der adressierten Gegenstände und ihrer Kontexte weitreichende Überschneidungen gibt. Dass der deutsche Titel im Gegensatz zum englischen Begriff nicht mit einer Disziplin verwechselt werden kann, ist durchaus programmatisch zu verstehen: Diese Einführung zielt auf einen Gegenstandsbereich und seine methodisch-theoretische Erschließung. Die Darstellung eines (in sich extrem heterogenen) »Quasi-Fachs oder einer Pseudodisziplin«[15] spezifisch anglo-amerikanischen Zuschnitts mit all ihren mehr oder minder zufälligen Grenzverläufen ist hingegen von mehr als nur nachgeordneter Bedeutung. Dieses Buch richtet sich daher an diejenigen, die sich dem Feld des Visuellen von einer kulturwissenschaftlichen Warte aus nähern wollen bzw. ihren Blick auf die Rolle des Visuellen innerhalb kultureller Dynamiken schärfen möchten. Die wesentlichen Positionen der *Visual Culture* sind dabei mit abgedeckt.

Der Hauptgrund, weshalb die Frage nach visuellen Kulturen nicht deckungsgleich ist mit *Visual Culture (Studies)*, liegt in einer forschungshistorisch gewachsenen Akzentuierung des Kulturbegriffs selbst. Die angelsächsischen *Cultural Studies*, aus denen *Visual Culture* in gewisser Weise hervorgegangen ist, lassen sich nicht einfach mit der *Kulturwissenschaft* der deutschsprachigen Forschung verrechnen. Die *Cultural Studies* wurden im Großbritannien der 1950er Jahre aus der Taufe gehoben. Am Birminghamer *Centre for Contemporary Cultural Studies* beschäftigte man sich in dezidierter Frontstellung zu überkommenen Hochkulturkonzepten mit der Neubewertung der Frage, wie in einer von Arbeitern und Zuwanderern geprägten Gesellschaft das Kulturelle im Sinne von Identitätsbildung im alltäglichen Leben angemessen zu erforschen wäre.[16] Das *Centre* war links und interdisziplinär, zielte also mit seiner Erforschung der Populärkultur auch gegen etablierte Fächergrenzen. Kultur wurde zu einem Ort, an dem Identitäten – nicht zuletzt durch Formen des Konsums als Arbeit mit symbolischem Material – nicht gegeben oder gesetzt sind, sondern ausgehandelt werden.[17] (Diesem Zusammenhang in seiner eminent visuellen Fundierung werden wir uns im achten Kapitel widmen.) Neben der vom Marxismus geerbten Klassenfrage traten auch Geschlecht und *race* sowie Subkulturalität überhaupt als Parameter für Forschungsfragen zunehmend in den Vordergrund und regten die Theorieproduktion an. So gehörte insbesondere der langjährige Direktor Stuart Hall mit seinen Überlegungen zu Repräsentation und zur Rezeption medialer Inhalte durch Konsumenten in der Folge auch zu den Stichwortgebern der *Visual Culture* als Disziplin, die sich in den USA formierten. Dort ging es vor allem hinsichtlich der Gegenstände und inspiriert von den Forschungen zur sozialen Geschlechterkonstruktion und Minderheiten sowie postkolonialen Problemen um eine Absetzung von der klassischen Kunstgeschichte.[18] Folgt man Nicholas Mirzoeff, einem der profiliertesten Köpfe des Forschungsansatzes, so zielen die *Visual Culture (Studies)* auch dezidiert auf soziale und identifikatorische Probleme, die aus den neuen Medien und deren Nutzungen resultieren.[19] Daher tendieren auch *Visual Culture (Studies)* zu zeitgenössischen Fragestellungen. Beide Richtungen einer kritischen Kulturanalyse (*Cultural Studies* und *Visual Culture*) nehmen hauptsächlich das Spannungsfeld *Hochkultur – Subkultur*, aber auch Fragen postkolonialer Identität und damit den Kolonialismus mit der ihm spezifischen Zivilisationsideologie in den Blick. Beide sind aus einem großen

Problembewusstsein heraus theoretisch-methodisch hoch reflexiv. Jessica Evans und Stuart Hall definieren daher in ihrem Reader die *Visual Culture* konsequenterweise als eine Art Teilbereich der *Cultural Studies*.[20]

Andere prominente Vertreter von *Visual Culture* wie James Elkins oder W.J.T. Mitchell formulieren die Fragestellungen breiter als Mirzoeff und wollen prinzipielle Fragen von *visual literacy* und den Funktionskontexten des Bildlichen – bei Mitchell auch in seiner historischen Dimension – verhandelt wissen.[21] Letzterer betont in seinen Grundlagentexten auch, dass die Grenzen zur Sprache und deren Bildlichkeit ebenso überschritten werden müssten wie die zu den Naturwissenschaften und den (visuellen) Leitmetaphern philosophischen Denkens. Die konkreten Studiengänge, die unter diesem Label angeboten werden, sind – nicht zuletzt aufgrund der programmatischen Interdisziplinarität – recht heterogen, auch wenn sich zumindest ein gewisser Kanon theoretischer Zugänge etabliert hat, auf den wir hier auch zurückgreifen werden. Zur Vergegenwärtigung charakteristischer Leitfragen sei hier auf eine weitere prominente Vertreterin, Irit Rogoff, zurückgegriffen, die in London *Visual Culture* lehrt und zu den methodologischen Vordenkerinnen gehört:[22] Als übergeordnete Interessen nennt sie die Zentralität der Vision und der visuellen Welt bei der Produktion von Bedeutung, der Etablierung und Aufrechterhaltung ästhetischer Werte, Geschlechterstereotypen und Machtverhältnissen in der Kultur.[23] Sie versteht den Ansatz dezidiert weder als Geschichte irgendwelcher Medien oder eine Form der Kunstkritik noch als das bloße Aufspüren von gesellschaftlich Marginalisierten oder Unterdrückten. Die Arena, in der sich die zu befragenden situativen Prozesse (im bewussten Gegensatz zu stabilen Objekten) abspielen, konstituiert sich aus Bildern, Apparaten bzw. technischen Dispositiven und Subjekten. Letztere bringen die psychischen

Faktoren Identifikation, Begehren und Ablehnung mit ein. Typisch für die *Visual Culture* angloamerikanischer Provenienz ist die von Rogoff zum Ziel erhobene Absetzung von der Dominanz patriarchaler, eurozentristischer und heterosexistischer Normativierungen.[24] Wie schon bei den *Cultural Studies* zeichnet sich der Zugang durch einen stark interventionistischen Grundgedanken aus: Nicht nur kritische Analyse, sondern Veränderung gesellschaftlicher Missstände ist letztlich das Ziel. Bei *Visual Culture* handelt es sich weniger um eine Wissenschaft als um eine »Taktik«, so wiederum Mirzoeff.[25]

Das ist neben dem starken Fokus auf Zeitgenössisches und den etwas enger abgezirkelten Kulturaspekten der hauptsächliche Unterschied zu einer Kulturwissenschaft deutscher Prägung. Diese hält es eher mit dem klassischen Ideal wissenschaftlicher Neutralität, obwohl auch sie sich immer wieder der Verstricktheit in ihren eigenen Gegenstand bewusst wird und diese auch kritisch reflektiert.[26] Die methodischen Reflexionen der *Visual Culture* sind für hiesige Zusammenhänge daher anschlussfähiger, wenn es mehr um kritische Analyse als um soziale Kämpfe geht. Doch auch diese sollen und müssen in dieser Einführung zu ihrem Recht kommen.

Allgemeine Literatur (Auswahl)

Aufgeführt sind hier nur die wichtigsten Zeitschriften und Monographien allgemeiner Art. Literaturhinweise zu den einzelnen Themenfeldern finden sich dann jeweils am Ende der einzelnen Kapitel.

Zeitschriften

Culture, Theory, and Critique (Nottingham 2002 ff.)
Journal of Visual Culture (Los Angeles 2002 ff.)
See. A Journal of Visual Culture (Cambridge/Mass. 1994 ff.)
Transcript. A Journal of Visual Culture (Dundee 1994 ff.)
Visual Anthropology (London 1987 ff.)
Visual Anthropology Newsletter, später Visual Anthropology Review (versch. Verlagsorte 1970 ff.)
Visual Culture in Britain (Manchester 2004 ff.)
Visual Sociology Review (Potsdam, N.Y. 1986-2001)

Im Netz

Antennae. The Journal of Nature in Visual Culture (2007 ff.): http://www.antennae.org.uk/
Invisible Culture (1998 ff.): http://www.rochester.edu/in_visible_culture/
Material Culture/Visual Culture Working Group (1998 ff.): http://www.amst.umd.edu/About%20Us/Research/mcvc.htm
M/C (1998 ff.): http://www.media-culture.org.au/index.php
Modernity. A Critique of Visual Culture (1999 ff.): http://www.newspaper-sites.net/magazine/modernity-critiques-of-visual.asp
Shift. A Graduate Journal of Visual and Material Culture (2008 ff.): http://www.shiftjournal.org/index.html

Bücher

Claudia Benthien und Brigitte Weingart (Hg.), *Handbuch Literatur & Visuelle Kultur*, Berlin u.a. 2017.
John Bird u.a. (Hg.), *The Block Reader in Visual Culture*, London 1996.
Fiona Carson und Claire Pajaczowska (Hg.), *Feminist Visual Culture*, New York 2001.

Margaret Dikovitskaya, *Visual Culture. The Study of the Visual after the Cultural Turn*, Cambridge/Mass. und London 2006.

»Questionnaire on Visual Culture«, in: *October*, Sommer 1996 (Sonderheft der Zeitschrift).

Gen Doy, *Black Visual Culture. Modernity and Postmodernity*, London und New York 2000.

James Elkins, *Visual Studies. A Skeptical Introduction*, New York und London 2003.

Jessica Evans und Stuart Hall (Hg.), *Visual Culture: The Reader*, London u.a. 1999.

Susanne von Falkenhausen, *Jenseits des Spiegels. Sehen in Kunstgeschichte und Visual Culture Studies*, Paderborn 2017.

Ian Heywood und Barry Sandywell (Hg.), *Interpreting Visual Culture. Explorations in the Hermeneutics of the Visual*, London und New York 1999.

Dies., *The Handbook of Visual Culture*, Oxford 2011.

Tom Holert (Hg.), *Imagineering. Visuelle Kultur und Politik der Sichtbarkeit.* (= Jahresring 47), Köln 2000.

Richard Howells und Joaquim Negreiros, *Visual Culture*, Oxford 2011.

Chris Jenks (Hg.), *Visual Culture*, London 1995.

Amelia Jones (Hg.), *Feminism and Visual Culture Reader*, London 2003.

Zoya Kocur, *Global Visual Culture. An Anthology*, London 2011.

Christian Kravagna (Hg.), *Privileg Blick. Kritik der visuellen Kultur*, Berlin 1997.

Nicholas Mirzoeff (Hg.), *The Visual Culture Reader*, 2. Ausg. New York 2002.

Ders., *An Introduction to Visual Culture*, London/New York 1999.

W.J.T. Mitchell, *Bildtheorie*, Frankfurt/Main 2008.

Joanne Morra und Marquard Smith (Hg.), *Visual Culture. Critical Concepts in Media and Cultural Studies*, 4 Bde., London und New York 2006.

Marius Rimmele, Klaus Sachs-Hombach und Bernd Stiegler (Hg.), *Bildwissenschaft und Visual Culture*, Bielefeld 2014.

Sigrid Schade und Silke Wenk, *Studien zur visuellen Kultur. Einführung in ein transdisziplinäres Forschungsfeld* (= Studien zur visuellen Kultur 8), Bielefeld 2011.

Tony Schirato und Jen Webb (Hg.), *Understanding the Visual*, London u.a. 2004.

Marita Sturken und Lisa Cartwright, *Practices of Looking. An Introduction to Visual Culture*, New York 2001.

2. Das historische Auge – Visualitäten als Epochensignatur?

Abb. 1: Hieronymus Bosch, *Die sieben Todsünden und die letzten vier Dinge*, um 1480, Madrid, Prado

Im Rückblick erscheint aufgrund der historischen Distanz mitunter deutlicher, was eine bestimmte visuelle Kultur ausmacht. Es bietet sich deshalb an, zum Einstieg eine vergangene ›Kultur‹ auf die Implikationen ihrer Visualität hin zu befragen. (Natürlich werden wir auch die damit vorgenommene Vereinheitlichung problematisieren). Hier zeigt sich im Aufriss ein ganzes Spektrum zusammenwirkender Aspekte, die dann in den folgenden Kapiteln in neuerem Gewand und zum Teil isolierter wieder auftreten. Theoriedarstellungen und Überblicke über bestimmte

Debatten werden in späteren Kapiteln notgedrungen die Einstiegsbeispiele zuweilen etwas in den Hintergrund treten lassen, und so soll im nun Folgenden auch exemplarisch deutlich werden, dass nicht nur Theorien, sondern insbesondere detaillierte Sachkenntnisse notwendig sind, um wirklich zu spezifischen Einsichten zu kommen und nicht – so ein typischer Vorwurf etwa an die *Visual Culture* – überall nur dieselben bekannten Muster am Werk zu sehen.

Manche Bilder oder Objekte erweisen sich geradezu als Verknotungen diverser Aspekte, die eine visuelle Kultur bestimmen. Sie erscheinen als verdichtete Repräsentationen einer ganzen Kultur. Ein solcher Gegenstand ist die Hieronymus Bosch zugeschriebene *Tafel der sieben Todsünden* im Madrider Prado. Wie ein Auge erfasst sie den Blick jedes Betrachters mit der dominierenden großen Kreisform in ihrem Zentrum. Genauer gesagt sind es vier konzentrische Kreise, die zusammen leicht als Auge gesehen werden können. In dessen Pupille befindet sich ein halbfiguriges Bild des Wunden weisenden Schmerzensmannes. Dass diese Lesart trotz der kleineren Kreise in den vier Ecken, die nicht als Augen verstanden werden können, der Absicht des Malers entspricht, dafür garantieren drei Inschriften. Deren prominenteste verläuft, Rot auf Gold, auf einem Ring unmittelbar um die zentrale Christusdarstellung und lautet: »Hüte Dich, hüte Dich, der Herr sieht« (*Caue caue d[omi]n[u]s videt*). Von dort aus laufen 128 Strahlen nach außen und lassen an ein »Sonnenauge« denken.[27] Wäre dieser Bereich sozusagen die Iris des Gottesauges, so spiegeln sich in dessen Glaskörper sieben Szenen mit Darstellungen der Todsünden, beginnend unten in der Mitte: Zorn, Hochmut, Wollust, Trägheit, Völlerei, Geiz bzw. Geldverfallenheit und Neid.[28] Ihre runde Anordnung ruft Assoziationen eines Kreislaufs, auf jeden Fall aber einer Allheit auf – das Rund ist zugleich ›die Welt‹ der Menschen, die sich in einem aberwitzigen Hamsterrad allzu weltlicher Begierden und Affekte bewegen. Außerhalb dieses schuldhaften irdischen Treibens sind die vier letzten Dinge angeordnet: eine Sterbeszene mit Priester, Mönch und Nonne, das Jüngste Gericht, bei dem der Schmerzensmann mit seinen Wunden wieder auftritt, eine Höllenszene, in der alle Sünden (mit expliziten Unterschriften) individuell bestraft werden, und ein Blick auf das himmlische Haus Gottes mit Petrus und dem Erzengel Michael als Türwächter. Es geht also um den endzeitlichen Horizont weltlichen Lebens, der den Gläubigen – ebenso wie das zentral repräsentierte Opfer Christi – immer vor Augen stehen sollte, um sich gegen die Sünde zu wenden. Das Auge präsentiert also gleichermaßen ein Weltbild wie bestimmte Verhaltensregeln einer Kultur des Auges. Diese sind zugleich höchst praktischer wie im Wortsinne anschaulicher Natur.

Auch die anderen beiden Inschriften, auf Spruchbändern oberhalb und unterhalb des Auges angebracht, thematisieren das Sehen. Genauer betrachtet, setzen sie das Allsehen Gottes mit dem (Seh-)Verhalten der Menschen in Verbindung, indem aus dem biblischen Buch Deuteronomium (Dt 32,28 f.) zitiert wird: »Denn es ist ein Volk ohne Rat und Klugheit. Wären sie doch weise und einsichtig und sähen sie die letzten Dinge voraus«, lässt sich die obere Inschrift übersetzen, und die untere (Dt 32,20): »Ich wende mein Antlitz von ihnen ab und sehe, was ihnen zuletzt begegnen wird.«[29] Wen Gott nicht mehr ansieht, der ist verloren.

Wie ein Spiegel enthält das Auge Gottes die ganze Welt, wie in einem mittelalterlichen Konzept von »Spiegel« sieht der Betrachter im Zentrum des Auges den idealen Menschen; ein Vorbild, an dem er sich, beständig darauf blickend, auszurichten hat. So heißt es in einem zeitgenössischen geistlichen Traktat, den Bosch kannte: »Das Auge aller Augen ist Jesus Christus, der ein Spiegel ohne Fehl ist, in dem jedermann sein eigenes Antlitz zu erblicken vermag.«[30] Wie in einem Spiegel bündelt sich in diesem Bild auch eine ganze komplexe Heilslogik des Sehens. Wir haben es mit mehr zu tun als nur einem Bild, das symptomatisch bestimmte Sehverhältnisse einer Zeit erschließen hilft. Indem sich das Bild als Auge und Blick Gottes auf die Menschen darstellt, aktiviert es Imperative im Moment des tatsächlichen Blicktauschs mit dem Bild. Es ist – und dabei spielen die zahlreichen Inschriften eine nicht zu vernachlässigende Rolle – ein Handelnder, ein *Aktant* in der Durchsetzung einer erstaunlich umfassenden Ordnung des Sehens. Eine solche Ordnung kann man daher mit Fug und Recht als »visuelle Kultur« bezeichnen. Ihr Kennzeichen ist, dass ihre Mitglieder das Dargestellte nicht nur angemessen decodieren und mit bestimmten Diskursen verbinden können, sondern auch eine bestimmte Rezeptionshaltung verinnerlicht haben. Solche Bilder waren entsprechend kontemplativ zu betrachten. Die Forschung geht davon aus, dass selbst der spanische König Philipp II. im späten 16. Jahrhundert diese Tafel noch als meditatives Instrument betrachtet hat.[31] Quellen legen nahe, dass es sich dabei sogar ursprünglich um eine Tischplatte handelte. Die christlich-vormoderne visuelle Kultur zeichnet sich auch dadurch aus, dass ermahnende Bilder und Sprüche nicht nur als Kunstwerke an der Wand, sondern, die alltägliche Lebenswelt durchdringend, nahezu überall angetroffen werden konnten.

»Gott sieht«. Es fehlt ein Objekt, d.h. Gott ist, im Hinblick auf die Frage der Sünden, definiert durch sein andauerndes Sehen, dem nichts verborgen bleibt. Die mittelalterlich-christliche Welt ist durchdrungen von einem alles sehenden Gott, der bis in die Herzen hineinschauen kann. Hätten die Menschen dieses Sehen und seine Folgen, wie sie im Bild zusätzlich ausbuchstabiert werden, verinnerlicht, so würden sie nicht sündigen. Sündigen heißt, wie schon Adam und Eva im Paradies, der Täuschung zu erliegen, dass Gott nicht sähe. Das Auge des Bildes aktualisiert und simuliert dieses verdrängte Sehen, um damit einen läuternden Effekt auszuüben. Es ist aber nicht nur Drohung. So wie der Betrachter weiß, dass er nur durch das unverdiente Opfer Christi im Zentrum gerettet werden kann, so erfährt er das Angesehen-Werden durch Gott auch als Gnade. Nikolaus von Kues betont diesen Umstand in seiner Schrift *De visione Dei* (*Vom Sehen Gottes*, 1453): Der Sünder verschließt sich, so der Text, dem Blicktausch mit Gott; doch wendet er sich Gott wieder zu, so »eilst Du ihm ohne Zögern entgegen und bevor er Dich noch erblickt hat, richtest Du schon die Augen voll väterlicher Liebe mitleidig auf ihn. Dein Erbarmen ist nichts anderes als Dein Sehen.«[32] Sich von Gott angeblickt wissen bedeutet auf eine Erlösung hoffen zu dürfen, die letztlich in einem endzeitlichen Blicktausch mündet, der sogenannten *visio beatifica*, dem visuellen Erfahren Gottes in seiner Gottheit. Wie im Medaillon unten rechts Christus im Inneren seines Palasts thront und nicht nur von den Engeln, sondern auch von den Erlösten *von Angesicht zu Angesicht*[33] gesehen werden kann, so stellt sich das Christentum die Erfüllung der Existenz im Paradies als reinen Sehakt vor. Der in Boschs Tafel zentrale Blicktausch mit Christus in Form der *imago pietatis*, als »Bild des Erbarmens« also (und damit ist das *wechselseitige* Mitleid von Betrachter und Leidensfigur gemeint), ist demnach eine Vorwegnahme jenseitiger Gnaden, allerdings in dezidiert menschlich-geschundener Gestalt, wie sie im Diesseits ausschließlich möglich ist. Gleichzeitig galt der mitleidende Blick auf das Leiden Christi als Möglichkeit der Sündenreinigung und Qualifikation für das Jenseits. Hinter dieser Idee, durch Betrachtung eines Bildes gereinigt werden zu können, stehen nicht zuletzt die optischen Theorien des Spätmittelalters, die über ins Auge einfallende Sehstrahlen (die sogenannte *Intromission*) eine quasi-körperliche Veränderung im Sehprozess annehmen.[34] Das in der Theorie verabschiedete ältere Extromissionsmodell der ausgesandten Sehstrahlen jedoch »beeinflusste weiterhin Vorstellungen wie die des ›bösen‹ und des liebenden, herzwundenden, pfeilartigen Blicks«[35]. Selbst überkommene und überholte wissenschaftliche Sehmodelle bleiben also kulturell verknüpft mit Vorstellungen affektiver Wirkung, mit Aberglauben und religiösen Konzepten. Vieles, was wir heute für bloße Metaphern halten, sind Überreste ›wissenschaftlicher‹ Konzepte, die keineswegs sofort ihre Geltung verloren haben. In der Aufarbeitung der Zusammenhänge einer visuellen Kultur sind solche Nachwirkungen und Ungleichzeitigkeiten zwischen den Diskursen kein triviales Problem.

Insofern es im Bild darum geht, den Fokus auf Christus konstant beizubehalten und zugleich den alles sehenden Blick Gottes zu verinnerlichen, ja selbst anzustreben, um die Sünden mit einem moralischen Auge zu erkennen und zu meiden, sind zugleich sehr deutlich visuelle Machtstrukturen aufgerufen: Die sündige Welt wird, bis hin zu jedem einzelnen falschen Gedanken, von einer übergeordneten Sehinstanz überwacht. Diese Macht wird wirksam nicht nur, indem sie sich in Bildern reproduziert, sondern insbesondere durch die eingeübte Verinnerlichung, die eigenständig betriebene Disziplinierung derjenigen, die sich beobachtet wissen. Das individuelle Gewissen erweist sich so nicht zuletzt als Produkt des religiösen Beobachtungseffekts. Aus diesem entfalten sich im Detail Sehgebote wie alles im Schmerzensmann Verdichtete, das regelmäßig zu meditieren war. Ein anderes Beispiel ist der Blick des Sterbenden auf das Kruzifix, das ihm vor Augen gehalten wird. Es sind also insbesondere Rituale, konkrete Performanzen, in denen sich diese visuelle (Macht-)Kultur manifestiert und fortschreibt. In beiden Fällen geht es auch darum, mithilfe eines äußeren Sehens die ›inneren Augen‹ der Seele (welche also ebenfalls in Sehmetaphern erklärt wird) richtig zu justieren – auf Gott. In den *Meditationes*

Vitae Christi, einer im Spätmittelalter weitverbreiteten franziskanischen Meditationsvorlage heißt es: »Was nämlich ist so wirksam, um die Wunden des Gewissens zu heilen und die Sehschärfe des Geistes zu reinigen, wie die eifrige Betrachtung der Wunden Christi?«[36]

Nicht zufällig treten hier die Kategorien der Reinheit und Verschmutzung zutage. Sie sind ein wichtiges kulturelles Strukturmerkmal, »da solche binären Unterscheidungen, wie jene zwischen gut und böse, rein und unrein, heilig und profan, loyal und subversiv usw. Ordnung und System in die kulturelle Welt einführen«[37]. Nichts, so betont die Anthropologin Mary Douglas, ist von sich aus unrein, sondern immer Ergebnis einer kulturellen Ordnung, die bestimmten Dingen bestimmte Plätze zuweist, falsch und richtig definiert, um überhaupt eine solche zu sein. Ähnlich wie beim Gewissen kann auch eine individuelle Empfindung wie Abscheu oder Ekel, aber auch Anziehung, Faszination oder der Eindruck von Schönheit aufs Engste mit einer kulturellen Ordnung verknüpft sein. Diese erweist sich als wirksam nicht zuletzt in Gestalt eines Habitus, einer unhinterfragbaren Annahme oder Gewohnheit. So werden auch ›Sünden‹ intuitiv als falsch empfunden. Selbstredend sind auch die Sünden im Bild großteils solche der Augen. Darauf verweist bereits die Ursünde (Gen 3,6): »Und das Weib sah, dass von dem Baum gut zu essen wäre und dass er eine Lust für die Augen wäre und verlockend, weil er klug machte.« Betrachtet man die Darstellungen unseres Beispiels, zeichnen sich diverse falsche Blicke ab: Statt auf die mehrfach ignorierten Rosenkränze werden sie auf das andere Geschlecht gerichtet, auf das Hab und Gut anderer, auf den Weinkrug, im tödlichen Zorn geweitet auf einen wehrlosen betrunkenen Pöbler, der nur einer Frau imponieren möchte, die er verliebt anschmachtet. Die Blicke sind »fleischlich«, d.h. körperliche Handlungen, und offenkundig eng mit Begierden verbunden.

Abb. 2: Detail von Hieronymus Bosch, *Die sieben Todsünden und die letzten vier Dinge*, um 1480

Überdeutlich wird das Sehen als Quell der Sünde in der Szene der *Superbia* (Hoffart), die ihrerseits als Wurzel aller Sünden verstanden wurde: Eine junge Frau betrachtet ihre äußere Erscheinung in einem Spiegel, der geradezu als Gegenentwurf des Spiegelkonzepts der ganzen Tafel verstanden werden darf.[38] Interessanterweise bleibt sie in sündiger Weise ihrem schönen Äußeren verfallen, gerade indem sie ihre Haube, Ausdruck der gesellschaftlichen Regulation begehrlicher Blicke, zurechtrückt. Boschs Gesellschaftskritik setzt also auch und gerade an den Äußerlichkeiten der ritualisierten bzw. verdinglichten Blickregularien an, die eine ›teuflische‹ Diskrepanz zum inneren Ziel der visuellen Hygiene aufweisen können. Dies wird dadurch betont, dass der Spiegel von einem Dämon gehalten wird, der zur Unterstreichung des Arguments selbst noch eine Haube trägt. Kulturell bedingt sind natürlich insbesondere solche geschlechtsspezifischen Zuweisungen von Blickrollen. Daraus resultieren Verhaltensregeln bis in den Bereich der Körpertechniken, denn noch in der Renaissance sollten Frauen demütig nach unten sehen und Blicken ausweichen. Wie am Beispiel zu sehen, geht daraus auch eine spezifische *materielle Kultur* hervor, zu der etwa Kleidungsstücke und Fenstergitter gehören.

Wir sehen: Ein einziges historisches Bild, eine spätmittelalterliche Tischplatte, bündelt eine Fülle von Aspekten, die visuelle Kulturen ausmachen. Neben der alles durchdringenden und internalisierten Blick-Macht-Verbindung, neben den (geschlechtsspezifischen) Blickgeboten und -verboten, neben den Ritualen, der hervorgebrachten materiellen Kultur, den Bildern und ihrem Gebrauch, neben den optischen Metaphern, ja sogar Theoremen, die von Religion und Physiologie geteilt werden, ist aber noch eine weitere, eher versteckte Dimension zu nennen: die der Subjektbildung. Von ihr handelt auch unser Beispiel, wenn man, wie der französische Philosoph Louis Althusser, das Christentum als Modellfall einer *Ideologie* versteht. Althusser hat in seinem Text »Ideologie und ideologische Staatsapparate« ältere orthodox-marxistische Konzeptionen von Ideologie als falschem Bewusstsein von der Welt, gesteuert von machtvollen Gruppen oder resultierend aus entfremdeten Lebensbedingungen, auf ebenso provokative wie einflussreiche Weise ihrer Naivität beraubt. Ideologie, so Althusser, sei vielmehr unausweichlich und von niemandem gezielt gesteuert. Alle Menschen, alle Kulturen hängen also Ideologien an. Es handele sich dabei um »das imaginäre Verhältnis der Individuen zu ihren realen Existenzbedingungen«[39]. Ideologie ist, so Althusser, keineswegs bloßes Denken, sondern wird ständig materiell. Sie verkörpert sich in Praxen bzw. Ritualen, die von einem Individuum in vollem Bewusstsein vollzogen werden.

Der zentrale Punkt ist nun, dass Ideologie damit nicht nur immer von Subjekten hervorgebracht wird, sondern zugleich die Individuen erst zu Subjekten macht, indem sie diese als solche »anruft« (*interpellation*).[40] Das ist das Tückische an der Ideologie, dass man sich ohne sie gleichsam selbst (und erst recht die alltägliche Realität) verlieren würde. Das Gefühl, ein freies, moralisches etc. Subjekt zu sein, scheint jedem evident, doch gerade diese unmittelbare Evidenz ist ein Effekt der Ideologie.[41] Gleichzeitig meint jeder im tatsächlichen Moment des Wirkens solcher Vorgänge außerhalb der Ideologie zu stehen, die ihren ideologischen Charakter stets verneint.[42]

Hier zeichnen sich Parallelen zur Frage nach visueller Kultur ab, die häufig erst aus dem Anschein des Natürlichen herauspräpariert werden muss. Wie sind Visualität und Ideologie miteinander verknüpft? Beziehen wir Althussers Konzept auf unser Beispiel: Das Gottesauge und die Bibeltexte haben Geltung für das betrachtende Individuum, sie adressieren es unmittelbar, und mit vielen anderen Praxen und Ritualen zusammen konstituieren diese ›Anrufungen‹ das Individuum als unsterbliche Seele, als Sünder, als Mensch mit Gewissen etc. Dies beginnt bereits mit der Geburt; am deutlichsten wird es wohl im Taufakt, durch den das Individuum von der Kirche seinen Namen erhält. Das ermahnende Anblicken, mithin die visuelle Verfasstheit der Ideologie überhaupt, scheint dabei noch unmittelbarer wirksam als eine bloße verbale Anrufung. Die ganze Logik des Bildes und der dahinter stehenden Ideologie lautet ja auch: *Fühle dich (als Sünder) betrachtet! Wenn ich mein Antlitz abwende und dich nicht mehr ansehe, bist du verloren!* Große Mühe wird darauf verwendet, das auf das Bild blickende Individuum individuell zu adressieren. Selbst der Schmerzensmann scheint zu sagen: »Gerade für Dich habe ich diesen Tropfen meines Blutes vergossen«[43], und macht dem Betrachter damit klar, dass er als Subjekt schon vor seiner

Geburt und über seine Lebensspanne hinaus – man beachte die Rahmung durch die letzten Dinge – von Gott »erschaffen« und gehalten ist. Gott, so Althusser, definiert sich als »ein Einziges Absolutes anderes SUBJEKT«, das als solches zu Moses von sich sagen kann »Ich bin, Der ich bin«,[44] oder eben: »Gott sieht«. Punkt. Gott hat im Bild nur ein Auge, ohne Lid und kreisrund wie die Welt, denn er sieht ohne Unterlass und in alle Richtungen zugleich, wie Nikolaus von Kues bemerkte.[45] Das Bild scheint in besonders pointierter Weise zu belegen, was Althusser zur christlichen Ideologie wie folgt zusammenfasst: »Das bedeutet, daß jede Ideologie *zentriert* ist, daß das Absolute SUBJEKT den einzigen Platz des Zentrums einnimmt und um sich herum die unendliche Zahl der Individuen als Subjekte anruft, und zwar in einem doppelten spiegelhaften Verhältnis, indem es die Subjekte dem SUBJEKT *unterwirft*, während es ihnen im SUBJEKT, in dem jedes Subjekt sein eigenes (gegenwärtiges wie zukünftiges) Bild vor Augen hat, die Garantie bietet, daß es sich wirklich um sie und um Es handelt und daß schließlich [...] ›Gott die Seinen *wiedererkennen* wird‹, d.h. daß diejenigen, die Gott anerkennen und ihn wiedererkannt haben, gerettet werden.«[46] Visuell vermittelte Ideologie prägt, ja *produziert* also ihre Mitglieder *als Subjekte*, und es ist bezeichnend, dass Althusser trotz seiner Metapher der verbalen ›Anrufung‹ letztlich beim Spiegel und beim Bild landet, die ungleich zwingender ihre Wirksamkeit entfalten. Auf Fragen der Ideologie und ihrer Kritik werden wir später wieder zurückkommen. Festzuhalten ist zunächst: Eine bestimmte Kultur ist immer auch eine (Praxis der) Ideologie und deshalb in ihren ideologischen Dimensionen schwierig zu erkennen, solange man sich in ihr bewegt. Und dies umso mehr, als sie selbst ja ihren ideologischen Charakter immer verleugnen wird.

Historische Distanz hingegen verspricht Überblick. Doch was ist nun die historische und damit spezifisch abgrenzbar ›kulturelle‹ Signatur der Seh- und Blickverhältnisse, die das Bildbeispiel aufruft? Unzweifelhaft sind die Ver- und Gebote rund um das Sehen nicht ›natürlich‹ und auf verschiedene Arten verbunden mit spezifischen Theoremen, Überzeugungen, Konventionen, Räumen, Objekten und Ritualen. Man könnte mit Althusser auch sagen: mit einer Ideologie und ihren Praxen und Apparaten. Das Sehen, so hat sich gezeigt, ist auf eine sehr spezifische Weise verknüpft mit Konzepten der Seele und des Gewissens und innerer Reinigung, mit Fragen des Glaubens wie des Begehrens. Der Sehsinn spielt nicht in allen Kulturen dieselbe Rolle als ›Leitmedium‹ religiöser Kommunikation und zentraler Metaphernspender im Verhältnis zwischen Individuum, Lebenswelt und Transzendenz. Und man könnte über die hier aufgeworfenen religiösen Zusammenhänge hinausgehen: Mittelalterliche, von Analphabetismus geprägte Gesellschaften sowie eine durch natürliche Hervorgehobenheit legitimierte Herrschaft benötigen in Sichtbarkeiten, Ritualen und visuellen Ordnungen sich offenbarende Bedeutungen. Man hat seitens der Mediävistik gegen die These argumentiert, die Betonung des Sehens sei ein Signum der Moderne oder gar unserer Zeit, wie sie innerhalb der *Visual Culture Studies* etwa Nicholas Mirzoeff vertritt. Solche pauschalen Zuweisungen halten in der Tat, wie das Beispiel gezeigt hat, einem Rückblick auf die besondere Visualität insbesondere des Spätmittelalters nicht stand.[47]

Doch so sehr eine Kultur sich im Rückblick gerade auch in ihrer Visualität zu einer Einheit zusammenschließt, lassen sich im Detail zahlreiche partielle Grenzziehungen, aber auch Fortschreibungen erkennen, die den Komplex wieder zerfasern. Wo und wann sollte eine Kultur beschließen, ihr Verhältnis zur Visualität umfassend umzugestalten? Die bloße wissenschaftliche Verabschiedung von einem Sehmodell etwa, so haben wir gesehen, reicht dafür nicht aus. So haben mit dem Andauern der Religion und ihrer zentralen Schriften viele der christlichen Metaphern und Normen rund um das Sehen bis heute Gültigkeit. Manche gelten auch in anderen ›Kulturen‹ wie dem Islam, den wir sofort mit Verschleierung und Geschlechtertrennung assoziieren, aber auch an Orten, an denen man es nicht vermuten würde. In New York City gilt heute noch ein Gesetz, das es Männern untersagt, Frauen hinterherzuschauen. Wer dagegen verstößt, kann gezwungen werden, Scheuklappen für Pferde zu tragen.[48]

Wo beginnt und wo endet die visuelle Kultur, die sich in Boschs Bild manifestiert? Die Kunsthistorikerin Cynthia Hahn etwa unterscheidet zwei Arten des religiösen Schauens auf Bilder bzw. auf »das Göttliche« im Mittelalter: einen frühmittelalterlichen *glance*, ein kurzes, undeutliches, momentan wirksames Blickerlebnis, und einen spätmittelalterlichen *gaze*, ein trainiertes und umfangreich vorbereitetes meditatives Sich-Versenken.[49] Letzteres ließe sich im Blicktausch mit dem Schmerzensmann und den dahinter stehenden Imperativen des meditativen und reinigenden Spiegelblicks durchaus wiederfinden. Religionshistoriker haben im Spätmittelalter zudem eine regelrechte »Schaufrömmigkeit« im Blick auf Hostie, Reliquiare und anderes ausgemacht, neuere Stimmen bezweifeln jedoch die Geltung einer solchen pauschalen Etikettierung.[50] Andere Differenzierungen ließen sich wohl vornehmen, wenn man ›das Mittelalter‹ nicht nur chronologisch unterteilt, sondern auch gesellschaftlich, und nach den visuellen Differenzen fragt, etwa zwischen einer klerikalen »Textgemeinde« und einer »grundlegend mündlichen und performativen Kultur der Aristokratie«[51]. Das lässt sich bis ins Œuvre Boschs hinein verfolgen, wo unser Beispiel mit seinen klaren Ansprachen und Bildunterschriften sich sehr deutlich von der gewollten Verrätselung und Phantastik abhebt, die viele von Boschs Bildern für ein bestimmtes aristokratisch-humanistisches

Milieu – eine Subkultur, wenn man so will – gerade attraktiv machten. Keith Moxey hat in einem programmatischen Aufsatz und unter dem damals (1994) brandneuen Label »Visual Culture« den Standpunkt vertreten, dass die Bilder für diese spezifische visuelle Kultur sich gerade durch eine gewollte Unlesbarkeit auszeichneten, welche die Phantasieleistungen des Autors erstmals ganz in den Vordergrund hebt.[52] Hat er mit seiner Lesart recht, verkomplizieren sich die möglichen Grenzziehungen noch weiter, denn mit der Unterscheidung bloßer Klassenzugehörigkeiten scheint es – angesichts der uns gleichfalls begegneten Möglichkeit frömmelnder Eliten wie später Philipp II. - keineswegs getan zu sein. Selbst bei einer vermeintlich so homogenen historischen Formation wie dem Mittelalter ist also eine offenkundige Pluralität visueller Kulturen zu konstatieren. Von der Idee, *die* visuelle Kultur einer großen Epoche wie des Mittelalters zu konturieren, ist man zwangsläufig abgekommen. Stattdessen zeichnen sich verschiedene gleichzeitig bestehende Milieus, aber eben auch lang anhaltende imaginäre Formationen ab.

Doch vielleicht lassen sich zumindest zentrale Paradigmenwechsel in der Geschichte des Sehens und seiner Repräsentation ausmachen. Wandel des »Sehens« zeigt sich da, wo es neue Verschränkungen von Medialität, Repräsentationsnormen und Denkweisen gibt. Die neue Zeit nach dem Mittelalter bricht mit dem Humanismus an, der den Menschen ins Zentrum stellt, mit der Rückwendung zur Antike, mit neuen wissenschaftlichen Fragen und nicht zuletzt einem neuen, realistischeren Modus der bildlichen Erfassung der Welt. So etwa lernt man das in der Schule. Für den Kunst- und Kulturhistoriker kreuzen sich alle diese Aspekte in einem Phänomen: der perspektivischen Darstellung. Erwin Panofsky, der wohl einflussreichste Kunsthistoriker des 20. Jahrhunderts, hat ein Konzept des Kulturphilosophen Ernst Cassirer auf die Perspektive angewendet und diese als »symbolische Form« befragt. Hinter dem Konzept der symbolischen Formen liegt die Idee einer Weltaneignung durch Wahrnehmungsformen, die zugleich als Repräsentationsformen fungieren, indem sie sozusagen sinnvolle Stücke aus der Welt schneiden. Erst diese intersubjektiv gültigen Formen lassen den Menschen Strukturen in der Welt erkennen und erlauben es ihm, sich denkend und handelnd auf die Welt zu beziehen. Als Medien zwischen Mensch und Welt »erzeugen« die symbolischen Formen »Kultur und definieren die Modalitäten unserer Erfahrung, unserer Bedeutungen und unseres Wissens«[53]. Wie in Althussers Ideologiekonzept ist auch von dieser gestaltenden Tätigkeit die Subjektbildung betroffen: »Das Ich drückt nicht nur seine eigene, ihm von Anfang an gegebene Form den Gegenständen auf, sondern es findet, es gewinnt diese Form erst in der Gesamtheit der Wirkungen, die es auf die Gegenstände übt und die es von ihnen zurückempfängt.«[54] Die verschiedenen symbolischen Formen zwischen Mythos und wissenschaftlichen Formeln erlauben es in fortschreitendem Maße, die Welt und den Menschen abstrakt zu verstehen: »Im ganzen genommen könnte man die Kultur als den Prozeß der fortschreitenden Selbstbefreiung des Menschen beschreiben. Sprache, Kunst, Religion und Wissenschaft bilden unterschiedliche Phasen in diesem Prozeß. In ihnen allen entdeckt und erweist der Mensch eine neue Kraft – die Kraft, sich eine eigene, eine ›ideale‹ Welt zu errichten.«[55]

Insbesondere wenn man das Konzept nun nicht wie Cassirer auf die Kunst als Ganzes anwendet, die durch die Wahl ihrer Gegenstände für ihn immer ein sinnstiftender Prozess der Objektivierung ist, sondern wie Panofsky auf die Perspektive, ergibt sich die Möglichkeit, über ein technisches Bildkonstruktionsverfahren gleichermaßen einen kulturspezifischen Zugang zur Welt wie eine Praxis der Subjektprägung ins Auge zu fassen. Dies setzt allerdings voraus – wie es Panofsky zumindest bis zu einem gewissen Punkt getan hat –, die Perspektivkonstruktion nicht als gelungene Annäherung an das ›natürliche‹ Sehen zu begreifen, sondern als eine (kulturspezifische) Konstruktion. Wiederum im Anschluss an Althusser lässt sich sagen: »Die Perspektive ist ein Bild dessen, was wir Ideologie nennen würden – eine historische, kulturelle Formation, die sich als universeller, natürlicher Code maskiert.«[56] Der Kunsthistoriker und Bildwissenschaftler Hans Belting hat hier angeknüpft und nicht wie Panofsky einen Wandel im Raumdenken an der Perspektivkonstruktion abgelesen, sondern den Blick, bzw. den zum Bild gewordenen Blick als neues Konstrukt in den Vordergrund gestellt. »Die Perspektive war eine Kulturtechnik von durchschlagender Wirkung.«[57] Als solche habe sie »die visuelle Kultur der Neuzeit auf breiter Basis und mit nachhaltiger Wirkung verändert«[58].

Das heißt also, die Perspektivkonstruktion trägt die Signatur einer bestimmten Zeit und eines bestimmten Milieus aus Wissenschaftlern, Architekten und Künstlern, die den empirischen Zugang zur Welt suchten. Sie prägt aber auch als symbolische Form den Subjektstatus des neuzeitlichen Menschen ebenso, wie sie umgekehrt aus einem neuen Humanismus hervorgegangen ist. Der Betrachter nimmt zu dem, was zu sehen ist, eine privilegierte, ideale Position ein, das Bild scheint mittels der Perspektive nur für ihn entworfen, weist ihm allerdings auch einen sehr spezifischen Betrachtungsstandpunkt jenseits dieser Welt zu. Das neuzeitliche Subjekt bekommt also gegenüber der Welt implizit eine Position, die in gewisser Weise mit derjenigen Gottes in Boschs Bild vergleichbar ist, allerdings mit der deutlichen Einschränkung, dass gerade nicht in alle Richtungen zugleich gesehen werden kann. Es wird aber auch auf eine künstliche Weise aus der Welt, aus dem körperlichen und mit zwei Augen in Bewegung vollzogenen Sehprozess, herausgenommen und festgestellt. Nur so kann der implizite Subjektstatus im Sinne Cassirers für einen Betrachter wirklich fassbar werden: Der Fluchtpunkt erlaubt es, »sich gleichsam von außen als ein Subjekt wahrzunehmen, das sieht«[59]. Wenn man in der Folge bis ins 20. Jahrhundert ›Bild‹ intuitiv mit einem perspektivisch festgeschriebenen Blick gleichsetzte, zeigt dies nicht nur erneut die lange Dauer bestimmter visueller Paradigmen in einer Kultur, sondern auch, dass nicht einmal das Konzept ›Bild‹, das schon im 16. Jahrhundert durch die ganze Welt verbreitet wurde, frei von kulturellen Implikationen ist. Es wird noch zu zeigen sein, dass auch Apparate, die den Bildeffekt der Perspektive vermeintlich als ›natürlich‹ bezeugen (Foto, Filmkamera), vielmehr umgekehrt vom Paradigma der Perspektive aus konstruiert wurden und dieselben Mängel im Vergleich zum menschlichen Sehen aufweisen. Entsprechend versucht Belting auch, andere symbolische Formen als das ›Bild‹ in anderen (visuellen) Kulturen auszumachen, etwa bestimmte geometrische Ornamentformen im arabischen Kulturraum.

Mit der Perspektivkonstruktion lässt sich allerdings noch mehr verbinden, nämlich das Postulat einer Aufwertung des Augensinns in der Frühen Neuzeit. Unübersehbar machten Intellektuelle wie Leon Battista Alberti das Auge zu ihrem Emblem und war das Auge eine zentrale Metapher beim Denken von Erkenntnis.[60] Doch lässt sich über eine Hierarchie der Sinne bzw. den Symbolwert des Sehens eine fixe Epochengrenze konstruieren, lassen sich zwei Kulturen, Mittelalter und Neuzeit, über den Status des Sehens unterscheiden? Hier ist ausgehend von unseren ›Einblicken‹ ins Spätmittelalter Skepsis angezeigt. Die Bevorzugung des Augensinns ist eine alte, bereits in der Antike gepflegte Denkfigur.[61] Je nachdem, welche Diskurse, Praktiken und gesellschaftlichen Gruppen man untersucht, kann man zu verschiedenen Ergebnissen gelangen. So wird in theologischen, aber auch kunsthistorischen Forschungen ausgehend von einem isolierten

Lutherzitat gern das »Seh-Reich« mittelalterlich-katholischer Prägung vom neuzeitlichen reformatorischen »Hör-Reich« unterschieden, was jüngst auf Widerstände gestoßen ist.[62] Ohne Zweifel sind Blickverhältnisse und der symbolische Status des Sehens kulturell und damit auch historisch. Immer wird man etwa hinsichtlich der Sehkonzepte (die mit Medien verknüpft sind), der Blickregularien, der Metaphoriken des Sehens, der materiellen Kultur und natürlich der Bilder auf signifikante Eigenheiten bzw. Verflechtungen stoßen, auf ein »period eye«, um einen Begriff des Kunsthistorikers Michael Baxandall zu verwenden, der auf die ebenfalls erwähnenswerten kulturell geprägten Interessensschwerpunkte von Bildbetrachtern (etwa Volumina und mathematische Relationen in Kaufmannsmilieus) abhob.[63] Ohne Zweifel trägt es aber auch eher weiter, die spezifischen Relationen und Implikationen der Visualität einzelner Kulturen gegeneinander abzugrenzen, als den Stellenwert des Sehens zur Signatur einer ganzen Epoche machen zu wollen, sei es jetzt die Neuzeit, die Moderne oder das digitale Zeitalter. So konstatiert auch W.J.T. Mitchell: »Die Vorstellung von der ›Hegemonie‹ oder Nichthegemonie des Sehens ist als Instrument einfach zu grob, um im Hinblick auf historische oder kritische Differenzierung fruchtbar sein zu können.«[64]

Literatur

Louis Althusser, *Ideologie und ideologische Staatsapparate. Aufsätze zur marxistischen Theorie*, Hamburg u.a. 1977.

Michael Baxandall, *Die Wirklichkeit der Bilder. Malerei und Erfahrung im Italien der Renaissance*, Berlin 1990.

Hans Belting, *Florenz und Bagdad. Eine westöstliche Geschichte des Blicks*, München 2008.

Suzannah Biernoff, *Sight and Embodiment in the Middle Ages*, Basingstoke 2002.

Norman Bryson, Michael Ann Holly, Keith Moxey (Hg.), *Visual Culture: Images and Interpretations*, Hanover und London 1994.

Donat de Chapeaurouge, ›*Das Auge ist ein Herr, das Ohr ein Knecht*‹. *Der Weg von der mittelalterlichen zur abstrakten Malerei*, Stuttgart 1983.

David Ganz und Thomas Lentes (Hg.), *Sehen und Sakralität in der Vormoderne* (= KultBild 4), Berlin 2011.

Robert S. Nelson, *Visuality Before and Beyond the Renaissance. Seeing as Others Saw*, Cambridge 2000.

Erwin Panofsky, *Die Perspektive als* ›*symbolische Form*‹, Leipzig 1927.

Kathryn Starkey und Horst Wenzel (Hg.), *Visual Culture and the German Middle Ages*, New York/Basingstoke 2005.

3. Das postkoloniale Auge – die visuelle Konstitution des Anderen

Abb. 3: Lehnert & Landrock, »Ein neugieriger Junge.«
Tunis, ca. 1910

Rudolf Lehnert und Franz Landrock, von denen diese Photographie stammt, haben zu Beginn des 20. Jahrhunderts Hunderte von Aufnahmen in orientalischen Ländern angefertigt und diese in Europa in Gestalt von Originalphotographien, Heliogravüren, Chromolithographien und zuletzt auch Postkarten vertrieben. Sie vermittelten ein Bild des Orients, das nicht nur

Stereotype variiert, sondern in eigentümlicher Weise etwas zeigt, was in dieser Form in den bereisten Ländern schlicht nicht zu sehen war und daher eigens inszeniert werden musste: nackte Knaben und Mädchen, halb bekleidete Frauen, aber auch Beduinen auf Sanddünen, in strahlendes Weiß gekleidete Männer, die durch Oasen spazieren, oder eine Gruppe von Männern, die auf Arabisch mit einem Stock »Friede sei mit euch« in den Sand der endlosen Wüstenlandschaft schreiben. In dem hier ausgewählten Bild inszenieren sie eine höchst unrealistische Szene, die Begehren und Unschuld miteinander verknüpft. Ein Kind blickt durch die Gitter eines Fensters auf ein halb bekleidetes Mädchen, das so unverwandt wie unaufgeregt den Blick erwidert. Es ist eine vermeintlich unschuldige Szene, die hier gezeigt wird, zugleich aber in raffinierter wie perfider Weise das Begehren des Betrachters mit einschließt, dem es nicht nur allein um dieses Bild, sondern um den Orient als Imagination, Phantasma und Wunschbild geht. Sein Blick zeichnet sich nun ungleich weniger durch Unschuld aus, auch wenn das Bild ihm diese einzusetzen sucht. Es geht hier um verschiedene Formen von Inbesitznahme, die miteinander vermittelt sind. Wir haben es mit einem durch die Komposition der Aufnahme und die präzise Lichtführung gezielt inszenierten Begehren zu tun, sich den Orient als Bild gewordene Vorstellung anzueignen – und dies in einer merkwürdig sexualisierten Gestalt. Gerade diese Transformation in ein (imaginäres wie konkretes) ›Bild‹ verknüpft sich mit einer dezidert politischen Dimension, die den Orient nun nicht ästhetisch, sondern machtstrategisch in Besitz zu nehmen sucht. Die diskursive Umsetzung, an der Bilder enormen Anteil haben, bildet ihrerseits Stereotype aus, die aus dem vielgestaltigen Bild der verschiedenen Länder und Gegenden erst einmal das machen, was vor unseren Augen und in unserer Vorstellung entstehen soll: der Orient.

Der amerikanische Literatur- und Kulturwissenschaftler Edward Said hat hierfür den Begriff des »Orientalismus« geprägt und mit seinem gleichnamigen Buch zugleich einen Klassiker der postkolonialen Theorie vorgelegt. Doch was bezeichnet überhaupt der Begriff »Orientalismus«? Nach Said sind es vor allem drei Dinge: *Zuallererst* ist Orientalismus eine akademische Disziplin, nämlich die Orientalistik, also all jene Wissenschaften, die sich mit dem Orient als Phänomen befassen, mit seiner Geschichte, seiner Kunst, seinen Sprachen etc. Bemerkenswert ist dabei, dass eine vergleichbare Kategorie für die Gegenseite fehlt. Hier gibt es nicht so etwas wie Okzident-Studien. Das hat seine Gründe: Die Distinktion Orient vs. Okzident erzeugt eine Opposition, die es dem Okzident gestattet, für beide mittels dieser Unterscheidung erzeugten Seiten eine Vielzahl von Eigenschaften zu konstatieren und dann jeweils einem der geschaffenen Reiche zuzuschreiben. Mit anderen Worten: Die Unterscheidung erzeugt ein regelrechtes Weltbild, das mit Bewertungen, Urteilen, vermeintlich wesentlichen Eigenschaften verknüpft wird. Irit Rogoff nennt diese auch für visuelle Kulturen wichtige theoretische Operation »negative differentiation«, und die niederländische Kulturwissenschaftlerin Mieke Bal spricht von einer »Unterscheidungsideologie«[65]. Der Orientalismus gestattet es dergestalt dem Okzident, sich seine Welt in Begriffen und Vorstellungen ein-, aus- und zuzurichten. Der Orient erscheint als das Andere des Okzidents und ist daher als dessen Negativ besetzbar. Er ist nicht nur durch vermeintlich überzeitliche kulturelle oder biologische Gegebenheiten bestimmt, sondern zeichnet sich auch durch eine konstitutive Absenz (von Vernunft, Ordnung etc.) aus. Essentialismus, Andersheit und Absenz sind Spielformen einer definitorischen Form der Beherrschung.[66] Hinter diesen Zuschreibungen steht letztlich der Wunsch, die eigene (kollektive) Identität von einem Anderen abgrenzen und positiv besetzen zu können.

Zweitens ist daher Orientalismus eine »Denkweise, die sich auf eine ontologische und epistemologische Unterscheidung zwischen ›dem Orient‹ und [...] ›dem Okzident‹ stützt«[67]. Daran haben nicht nur Politiker und Schriftsteller, sondern auch Ökonomen und Feldherren ihren Anteil. Die diskursive Aufbereitung des Orients in bestimmte Muster gestattet es, eine Pluralität einzufangen und nur das wahrzunehmen bzw. für relevant zu erklären, was der Norm entspricht.

Drittens ist daher schließlich Orientalismus ein Diskurs, der in der Zeit nach der Aufklärung den Orient nicht nur vereinnahmte, sondern überhaupt erst produzierte. Orientalismus ist eine Reglementierung des Denkens, wie der Gegenstand aufzufassen ist. Er bringt heterogene Gegenstände in eine homogene Form. Für unseren Zusammenhang wichtig ist die explizite Verknüpfung der (gemalten, photographierten beschriebenen) Bilder mit dem Bild (Vorstellung, Phantasma, Stereotyp) des Orients. Photographien oder Gemälde haben seit jeher erheblichen Anteil an der Produktion und Verbreitung des Orientalismus. Für Dynamiken wie die skizzierte interessiert sich das interdisziplinäre kritische Theorieprojekt »Postkolonialismus«, das von der Annahme ausgeht, dass die Kolonialgeschichte keine abgeschlossene historische Episode imperialer Unterwerfung war, sondern bis heute fortwirkt. Die Kolonialisierung hat eine Fülle von essentialistischen Vorstellungen hervorgebracht, die historische Gegebenheiten zu naturalisieren suchen, indem sie etwa Kategorien der ›Rasse‹, des ›Typs‹ oder der überzeitlichen ›Gestalt‹ zur Anwendung bringen.

Edward Said, der explizit an Thesen Michel Foucaults anknüpft, ist hingegen dezidierter wie überzeugter Antiessentialist, d.h., er geht davon aus, dass es keine Naturgegebenheiten, sondern nur kulturelle Konstruktionen gibt – und eine von diesen ist der Orient. Streng genommen gab es vor Napoleons Ägypten-Feldzug den Orient gar nicht. Er ist ein Phantasma des Westens. Als solcher hat er vielfältige Spuren in Kunst, Literatur und Wissenschaft hinterlassen. Mit Napoleon beginnt eine Modellierung des Orients, eine Erstellung von Schablonen, die fortan das Denken, die Wahrnehmung und die Betrachtung des Orients prägen werden. Sie finden sich von literarischen Texten, wie etwa den Reiseberichten eines Gustave Flaubert oder Gérard de Nerval, bis hin zu wissenschaftlichen Studien, die vorgeben, objektiv zu sein, und doch Stereotype wiederholen. Der Orient war, so Said, eine »politische Realitätskonstruktion«,[68] die darauf zielte, die Fremde möglichst deutlich vom Eigenen abzusetzen, um sie so effektiver regieren und dominieren zu können. Er erscheint als das mitunter auch faszinierende Negativ des Okzidents. Aber es ist ein Negativ, das trotz der Differenz bereits bekannt ist, da Bilder und Vorstellungen es begleiten und bereits erschaffen haben, noch bevor es überhaupt existiert. Das Bild des Mädchens im Fenster ist daher nicht fremd, sondern entspricht einem Wunschbild, das in der Ferne das eigene Begehren einzulösen sucht. Es ist durch und durch inszeniert. An einer Stelle in seinem Buch bezeichnet Said den Orient zutreffend als Bühnenvorbau für den Okzident: Der Orient ist Teil einer reichen Inszenierung, die von Gold über Gewürze, Beduinen und Harems, Basaren und 1001 Nacht viele üppige Requisiten bereithält. Zu den dunkleren Seiten der Inszenierung gehören dann der Islam und Mohammed, sein Gründer. Auch einige heute aufgeregt geführten Debatten etwa über den Konnex von Islam und Terror oder die Bedrohung durch den islamischen Fundamentalismus reduzieren eine überaus komplexe Gemengelage auf ein vermeintlich homogenes Bild: Zu *dem* Orient gesellt sich nun *der* Islam. Dass ›der Islam‹ als Religion mit diversen, einander zum Teil heftig bekämpfenden Untergruppierungen wie auch als politisch verschieden instrumentalisiertes ideologisches Konstrukt weitaus komplexer ist, als in den westlichen Medien angenommen, versteht sich an dieser Stelle von selbst. Die Differenz zwischen Alawiten, Schiiten und Sunniten jedenfalls ist enorm – und damit sind nur die drei Hauptgruppen benannt. Die Reduktion einer historisch-kulturellen Komplexität auf ein einheitliches schematisches Bild hingegen ist Teil der Strategie.[69] Als Konsequenz wird »Repluralisierung« zur wichtigen Aufgabe einer theoretischen Praxis visueller Kulturen. Ella Shohat und Robert Stam nennen als Ziel eine »polycentric vision«, für die »die Auffassung einer einvernehmlichen und wechselseitigen Relativierung, die ›Umkehrung der Perspektive‹ (Merleau-Ponty), die Vorstellung, dass verschiedenartige Kulturen die Grenzen ihrer eigenen sozialen und kulturellen Perspektive erkennen sollen«, zentral wäre.[70]

Für die Untersuchung visueller Kulturen, die hier dezidiert im Plural zu verstehen sind, in einer postkolonialen Perspektive ergibt sich eine Fülle möglicher Untersuchungsgegenstände. Ihr ist es durchweg darum zu tun, nicht nur schon ausgeprägte und verbreitete und somit offensichtliche Stereotype zu detektieren und zu reflektieren, sondern auch implizite und subkutane Bestrebungen einer Essentialisierung und Naturalisierung auszumachen und zu kritisieren. Wenn man sich auf den Orient beschränkt (und damit viele andere Bereiche wie Afrika, Asien oder Südamerika ausschließt), so könnten, um nur einige wenige historische Beispiele zu nennen, mögliche Anwendungsbereiche etwa die Photographien des 19. und frühen 20. Jahrhunderts sein, die an Europäer verkauft und dann in Alben gesammelt wurden; oder Gemälde, die in der Romantik (etwa bei Delacroix) und im französischen Klassizismus des 19. Jahrhunderts (so etwa bei Ingres oder Gérôme) Stereotype vom Harem bis zum Basar in Bilder verwandeln. Signifikant sind auch die Präsentationsweisen des Orients auf diversen Ausstellungen (von den

Weltausstellungen bis hin zur öffentlichen Zurschaustellung von ›Einheimischen‹ in Europa) oder die Verwendung dieser Stereotype in der Werbung. Last but not least wären die Illustrationen sowie die Thematisierung des Blicks und der Visualität in wissenschaftlichen Publikationen, Reiseberichten und literarischen Texten von großem Interesse.[71] All das sind Bereiche, die massiv durch Stereotype geprägt sind, die dem Orient ein fest gefügtes und beherrschbares Bild geben. Weiterhin wäre es Aufgabe von Analysen visueller Kultur, das Fortleben dieser Muster in zeitgenössischen Debatten, Texten, Berichten etc. aufzuzeigen. So hat die visuelle Kultur des Kolonialwarenladens bis heute in einigen Produkten überlebt, wenn man etwa an Reis, Kaffee oder Tabak denkt. Bilder haben mitunter ähnlich wie zentrale Metaphern und Stereotype, als deren materielle Seite sie begriffen werden können, ein ungemein langes Fortleben.

Solche Formen impliziter Essentialisierung und Naturalisierung zu erkennen ist das eine, sie zu vermeiden das andere. Die postkoloniale Theorie, die sich vor allem auf die französische Theorietradition stützt und dabei insbesondere auf Foucault, Derrida und Barthes beruft, macht deutlich, dass viele der zentralen Unterscheidungen, die unser Denken prägen, implizit wie explizit mit eurozentrischen Kategorien arbeiten. Der Ethnologe Fritz Kramer hat in seinen Arbeiten zur Feldforschung, aber auch zur Historiographie und anderen Formen der Darstellung herausgearbeitet, dass die Fremdwahrnehmung weitaus mehr mit Selbstwahrnehmung zu tun hat, als sich das die Forscher eingestehen wollen und auch können.[72] Unsere Art und Weise zu denken prägt bestimmte Schemata, die das Fremde rasch kategorisieren und so begrifflich den westlichen Ordnungsstrukturen ›unterwerfen‹. Auch die Kritik solcher Schemata zielt nicht zuletzt auf solche Bereiche unseres Denkens, die auf den ersten Blick mit Rassismus nichts zu tun haben. Daher ist die Dekonstruktion, die sich als radikale Kritik metaphysischer Voraussetzungen abendländischen Denkens versteht, ebenso eine zentrale wie attraktive Referenztheorie wie Foucaults Diskursanalyse, die die Geschichte abendländischer Denksysteme als dezidiert historische und notwendig veränderbare Formationen in den Blick nimmt. Was Barthes anbelangt, rekurrieren Theorien des Postkolonialismus vor allem auf sein Buch *Mythen des Alltags*, in dem er nicht nur Mythen seiner Gegenwart aufspürt, sondern insbesondere ihre Mechanismen offenlegt. Mythen sind in seinen Augen Strategien, um historische und somit veränderbare Formationen als Naturgegebenheiten zu präsentieren. Sie erweisen sich insofern als explizite Machtstrategien, als sie kritisierenswerte und auch gesellschaftlich veränderbare Phänomene als notwendige, unumstürzliche und somit alternativlose vorstellen. So werden die bestehenden Zustände, Ordnungen, Deutungsschemata zementiert und gegen Kritik immunisiert. Sie wieder zu historisieren und somit kritisier- und angreifbar zu machen ist Kernprogramm der *Cultural* und der *Visual Culture Studies*. Sie verstehen es als ihre zentrale Aufgabe, die eurozentrische Perspektive, die unsere Sichtweise prägt, zu erkennen, um sie dann in einem zweiten Schritt zu vermeiden. Dabei entwickeln sie Strategien, die unsere ideologischen Voreinstellungen einklammern, neutralisieren und letztlich überwinden sollen. Das klingt allerdings leichter, als es getan ist. Selbst vermeintlich neutrale Formen der Wissensproduktion wie etwa Ausstellungen oder Archive erweisen sich – in historischer Distanz – als sichtbare Manifestationen rassistischer oder zumindest hoch problematischer ideologischer Setzungen. Mieke Bal hat etwa ihrem Besuch im New Yorker Museum of Natural History einen ausführlichen wie instruktiven Aufsatz gewidmet.[73] Wenn man dort durch die verschiedenen Abteilungen läuft, so wird man irgendwann auf eine Reihe von großen Dioramen stoßen, in denen Naturszenen dargestellt sind.

Man begegnet dort verschiedenen Vegetationstypen mit der typischen Flora und Fauna der jeweiligen Zonen – ein geordnetes Reich der Natur. Dieses geht dann aber bruchlos über in eine Ausstellung afrikanischer ›Ureinwohner‹ in ihrem ›natürlichen‹ Umfeld. Die Logik der Ausstellung stellt hier zumindest aus heutiger Perspektive ostentativ die Ideologie aus, der ihre Organisation unterliegt. Die ›primitive‹ Kultur, die am Ende der Reihe steht, soll nicht nur eine Entwicklung, genauer: den Aufstieg des Menschen zur Zivilisation, deutlich machen, sondern den vermeintlich der Natur am nächsten stehenden Afrikanern ihren Ort im Naturkundemuseum zuweisen. Die Wurzeln, die *Roots*, die als populäre Serie in den Vereinigten Staaten Anlass einer breiten Debatte über die afroamerikanische Kolonialvergangenheit waren, führen hier direkt in die Natur. Die »Wurzeln« der afroamerikanischen Bevölkerung liegen, so zeigt diese Ausstellung ebenso unverstellt wie unkritisch, in der geschichtslosen Natur, die sich erst durch das Erscheinen des Weißen in Kultur verwandelt hat. Die westliche Kultur ist dieser – so wäre auszubuchstabieren, was hier nur gezeigt, nicht aber gesagt wird – derart überlegen, dass sie auf der anderen, direkt gegenüberliegenden Seite des Central Park, im Metropolitan Museum of Art ihren Platz gefunden hat. Auch im Museum begegnen wir also visuellen Ideologemen, die in der kritischen Analyse visueller Kulturen dann (theoriegeleitet) zu entziffern sind.

Ein anderes ethnologisches Museum (das man früher als Kolonial- oder Völkerkundemuseum bezeichnet hätte), das Royal Museum for Central Africa Tervuren in Brüssel, hat die Kolonialgeschichte, die die Sammlung wie deren Präsentation unübersehbar geprägt hat, in Teilen in den alten Präsentationsformen sichtbar und weitgehend unverändert erhalten, um diese dann allerdings zum Gegenstand neuerer Ausstellungsteile zu machen. Die verschiedenen Ausstellungen stellen somit unter einem Dach die Geschichte mitsamt ihrer Kritik aus. Die klassischen Kolonial-Ausstellungen, die versucht hatten, den Besuchern »die direkte Erfahrung einer kolonisierten Objekt-Welt« zu verschaffen und »die Welt wie ein Bild aufzubauen«,[74] werden hier selbstreflexiv inszeniert und in ein »semiotisches Laboratorium« verwandelt, das Präsentationsformen als Kompositionen, Inszenierungen und Visualisierungen von Deutungen so nebeneinander stellt, dass eine strukturelle »multitemporal heterogeneity« (so der Begriff des argentinischen Anthropologen Néstor García Canclini) erzeugt wird.[75] Die intendierte Performanz der Originalausstellung, die den Betrachter mit seinem Blick in die Sehräume der Dioramen regelrecht eintauchen ließ, um dort zugleich eine ideologische Blicktaufe zu empfangen, wird konsequent gebrochen.

Dass *Ausstellungen* für eine Analyse visueller Kultur von herausragender Bedeutung sind, liegt darin begründet, dass sie zugleich *Feststellungen* sind: Durch die Präsentationsformen von einzelnen Gegenständen, Bildern oder Artefakten, durch ihre Verkettung und Verknüpfung inszenieren sie zugleich komplexe Deutungen. Die einzelnen Gegenstände können nicht einfach nebeneinander gehängt oder gelegt, aufeinander gestapelt und planlos aufgehängt werden – sie werden unvermeidlicherweise Teil einer lesbaren und sichtbaren Syntax, die notwendig eine Semantik und Symbolisierung hervorbringt. Ausstellungen üben das Publikum in Wahrnehmungsformen als Deutungsformen ein. Sie sind Sehschulen, die eine visuelle Alphabetisierung vornehmen und dabei zugleich eine Fülle von ideologischen oder, vorsichtiger formuliert, theoretischen oder weltanschaulichen Voreinstellungen im Betrachter zu verankern suchen. Weiterhin haben Ausstellungen die Eigenschaft, alles in ein Ding zu verwandeln, etwas, das man sich aneignen kann, das einen Wert hat, Teil eines symbolischen wie realen Kapitals ist. Ausstellungen sind so betrachtet Verfahren der *Fetischisierung* der Welt.

Der Kulturwissenschaftler Timothy Mitchell berichtet eine wiederum mit dem Orient verbundene Geschichte, die in anekdotischer Verknappung die besondere Bedeutung der Ausstellungen für die okzidentale Welt vor Augen führt. Als 1889 eine ägyptische Delegation nach Europa reiste, um dort am Internationalen Orientalistenkongress teilzunehmen, besuchten die Gäste vorher auch die Weltausstellung und auf dieser den Teil, der der ägyptische Kultur gewidmet war – und fanden ihn außerordentlich abstoßend. Dort wurde nicht nur der Dreck in den Straßen und die schmutzige Farbe an den Wänden dargestellt, auf die sie natürlich verzichtet hätten, sondern zudem erwies sich die vermeintlich prunkvolle Moschee als reine Fassade, hinter der sich ein leerer Raum öffnete. Von ihren Eindrücken berichteten die Besucher aus dem Orient in Texten, die heute als historisches Dokument verblüffend sind. Im Okzident, dem sie nie diesen Namen gaben, fanden sie nicht nur viele Ausstellungen, als deren Teil sie bereits eingeplant waren, sondern ihnen kam die Welt insgesamt so vor, als sei sie wie eine Ausstellung geordnet und als seien sie ihr konstitutiver Teil. Wo auch immer sie hinkamen, wurde die Welt mit einem Mal zur Ausstellung.[76] Besser kann man die herausragende Bedeutung der Ausstellungen für eine postkoloniale Analyse kultureller Visualität bzw. visuell verfasster Kulturalität kaum beschreiben.

Doch auch wenn wir einen Schritt zurückgehen und den Vorgang der *Sammlung* von Artefakten, Naturalien und Dokumenten in den Blick nehmen, ergibt sich ein unwesentlich anderes Bild. Bereits dieser erste Schritt ist nicht frei von ideologischen Voreinstellungen.[77] Es zeigt sich eine – in der Theorie visueller Kulturen nachdrücklich zu betonende – konstitutive Relativität der Gegenstände, die weit mehr von den Fragen und Perspektiven abhängen, als dass diese durch sie bestimmt würden. Wenn man etwa die ersten umfangreichen Photobestände volkskundlicher Sammlungen im deutschen Sprachraum betrachtet, so zeigt sich, dass diese Bilder durchweg eine präzise Funktion hatten, die abhängig war von den theoretischen Grundüberzeugungen einerseits und den gesellschaftlichen Verwendungsweisen andererseits. Noch im 19. Jahrhundert dienten wissenschaftliche Aufnahmen vor allem Verfahren der Typisierung, die eine Fülle von individuellen Beispielen nur deshalb sammelten, um diese auf ihnen gemeinsame Grundformen zurückzuführen. Es ging darum, Rassen, Klassen und biologische Verwandtschaften aufzuspüren und anschaulich, also sichtbar zu machen. Der englische Wissenschaftler Francis Galton, der ein Anhänger des Sozialdarwinismus und der Eugenik war, entwickelte etwa ein Verfahren, mithilfe von Photographien Typen zu visualisieren. Er nahm hierfür eine Reihe von Porträtaufnahmen einer bestimmten Gruppe auf und kopierte diese durch Mehrfachbelichtung übereinander, um so einen visuellen »Mittelwert« zu erhalten. Dank dieser Kompositportraits ergab sich der »Phänotyp« einer Rasse, aber auch eines bestimmten Verbrechertyps, einer Familie oder jeder beliebigen Auswahlgruppe. Die Auswahlgruppe war zugleich die visuell-ideologische Vorgabe, da man die Bilder dementsprechend auswählte. Man sieht letztendlich das, was man sehen will. Aber auch wenn die Sammlung der Bilddaten nicht wie hier auf die Synthese, sondern eher auf die Fülle der Erscheinungen zielt, werden diese klassifiziert und kategorisiert, um eine Ordnung der Dinge zu repräsentieren, die bereits bei ihrer Auswahl entscheidend war.

Um aus diesem Teufelskreis ideologischer Voreinstellungen und ihrer Bestätigung zu entkommen, sind diverse Vorschläge gemacht worden. Der erste und einfachste besteht darin, mittels einer selbstreflexiven Wiederholung vermeintlich selbstverständlicher Verfahren eine kritische Distanz zu erzeugen. Die Narrative sollten erneut erzählt werden, um so ihre Logik offenbar zu machen: »Indem wir die Narrative für uns beanspruchen und neu erzählen, verändern wir die grundlegenden Strukturen, durch die Kultur erfahren und organisiert wird«, konstatiert etwa die postkoloniale Theoretikerin und Filmemacherin Trinh T. Min-ha.[78]

Die zweite, komplexere Variante versucht, anhand unterschiedlicher Strategien eine wechselseitige Kommentierung, Einschränkung und Kritik zu erreichen. Dies kann geschehen, indem, wie am Beispiel des Museums Tervuren in Brüssel gezeigt, verschiedene Zeitschichten konfligieren und ihre Ideologeme somit ausstellen oder aber indem eine Brechung über künstlerische Interventionen oder den Einsatz unterschiedlicher Medien erfolgt.

Noch weiter gehen drittens Versuche, ausgehend von neuen Formen der Theoriebildung, wie etwa jenen von Homi Bhabha oder Gayatri Spivak, Bilder und Ausstellungen zu denken. Stuart Hall und Mark Sealy haben z.B. in ihrem Buch *Different. A historical context. Contemporary photographers and black identity* konsequent die Geschichte der Visualisierung mit individuellen Erfahrungen kombiniert: Diese werden nun als dezidiert subjektive dargestellt und zugleich als nicht in der Geschichte auffindbare, letztlich sogar von ihr ausgeschlossene beschrieben. Postkolonialismus und Postmoderne gehen hier Hand in Hand. Entscheidend ist dabei der Versuch, die heutige Gegenwart neu und anders zu denken, ohne dabei auf die kritisierten Kategorien zurückzugreifen. Weltweit sind die Kulturen geprägt durch Migration, Multikulturalität und Hybridität. Egal wohin wir kommen, gibt es immer eine Zweiteilung der Welt: einerseits ein Internationalismus, der auf weltweite Durchsetzung und Akzeptanz zielt – man denke an den »International Style« der modernen Architektur oder an Coca-Cola und McDonald's – andererseits aber zahllose regionale Gruppen, die auf ihre Andersartigkeit pochen. Diese kann u.v.a. ethnischer, religiöser, sexueller oder theoretischer Art sein. Bhabha versucht nun diese neuen postmodernen Spielformen von Identität zu denken und zu beschreiben, ohne auf die tradierten Formen zurückzugreifen. Wie kann man – das wäre hier erneut die Frage – plurale Identitätskonzepte in einer Tradition denken, die auf Identität und klare Differenzen setzt? Das koloniale Erbe findet sich nicht zuletzt in Theorien, aber auch Praktiken, die subalterne Gruppen vereinnahmen, maßregeln und unterwerfen. Wie vermeidet man es, sich mit »subalternen«, sprich marginalen, randständigen, nicht durch die politische Macht repräsentierten Stimmen zu beschäftigen, ohne diese zu »essentialisieren«, ohne sie zu vereinnahmen, ohne ihnen eine überzeitliche ›natürliche‹ Identität zuzuweisen? Denn aus dem, was sich gerade dadurch bestimmt, dass es kein Wesen hat, dass es ›unwesentlich‹ ist, kann plötzlich ein untersuchbarer Gegenstand werden mit einer Geschichte, einer Ordnung, einer Struktur und einem Ziel. Was sich durch Heterogenität auszeichnet, wird zu einer homogenen Stimme. Inmitten dieser unvermeidlichen Essentialisierung ist das Subalterne jedoch eine Figur der Alterität – und soll es bleiben. Die konstitutive Differenz muss dabei als eine Art theoretisches Regulativ gedacht werden, und es kommt darauf an, Modelle zu entwickeln, die Differenz, Alterität, Pluralität und Ambivalenz ernst nehmen und nicht zu reduzieren suchen. Jenseits der prägenden Unterscheidungen von Schwarz und Weiß, Mann und Frau, Zentrum und Peripherie, Okzident und Orient, Kultur und Natur, einheimisch und fremd etc. ist eine Erfahrung der Gegenwart stark zu machen, die sich gerade dadurch bestimmt, dass sie auf unsicherem Boden steht – und sich als solche zeigt und ausstellt. Nur so macht die Rede vom »post« des »Postkolonialen« Sinn. Aufgabe ist es, »die gewöhnliche Grenzlinie zwischen dem Privaten und dem Öffentlichen, dem Hohen und dem Niedrigen neu ziehen; und normative Erwartungen in Bezug auf Entwicklung und Fortschritt in Frage zu stellen«[79]. In diesem Sinne geht es auch darum, Zwischenräume, Schwellenräume, etwas, das Bhabha als »dritten Raum« bezeichnet, zu denken und zu erkunden oder Verfahren des De-platzierens, der Überlappung, der Hybridisierung zu entwickeln. Gefragt sind regelrechte U-Topoi, also Nicht-Orte, die Ambivalenz ausstellen und produktiv machen – als Gegenstand wie als Verfahren einer postkolonialen *Visual Culture*.

Literatur

Homi Bhabha, *Die Verortung der Kultur*, Tübingen 2000.

Néstor García Canclini, *Hybrid Cultures. Strategies for Entering and Leaving Modernity*, erweiterte Ausgabe, Minneapolis 2005.

Paul Hackings (Hg.), *Principles of Visual Anthropology*, 2. erweiterte Ausgabe, Berlin 1995.

Ulrich Hägele, *Foto-Ethnografie. Die visuelle Methode in der volkskundlichen Kulturwissenschaft*, Tübingen 2007.

Stuart Hall und Mark Sealy (Hg.), *Different. A Historical Context. Contemporary Photographers and Black Identity*, London und New York 2001.

Thomas Overdick, *Photographing Culture. Anschauung und Anschaulichkeit in der Ethnologie*, Zürich 2010.

Werner Michael Schwarze, *Anthropologische Spektakel. Zur Schaustellung »exotischer« Menschen, Wien 1870-1910*, Wien 2001.

Edward Said, *Orientalismus*, 2. neu übersetzte Ausgabe, Frankfurt/Main 2009.

Ella Shohat und Robert Stam, *Unthinking Eurocentrism. Multiculturalism and the Media*, New York und London 1994.

Dies., »Narrativizing Visual Culture. Towards a Polycentric Aesthetics«, in: Nicholas Mirzoeff (Hg.), *Visual Culture Reader*, London und New York 1998, S. 26-49.

Gayatri Spivak, *Can the Subaltern Speak? Postkolonialität und subalterne Artikulation*, Wien 2007.

4. Das mediale Auge – Medientheorien der Visualität

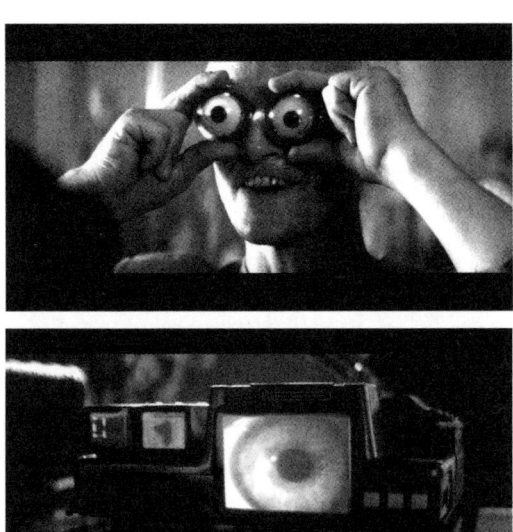

Abb. 4 und 5: Filmstills aus Ridley Scott, *Blade Runner*, USA 1982

Ridley Scotts Film *Blade Runner*, aus dem diese Einstellungen stammen, ist nicht nur ein Film über Wahrnehmung, in dem Augen daher eine zentrale Rolle spielen, sondern auch eine Reflexion über mediale Veränderungen. Es gibt viele Filme, in denen Augen im Mittelpunkt stehen und zumeist auch in einen expliziten metaphorischen Bezug zu Medien gebracht werden: Photographenfilme wie *Peeping Tom*, *Das Fenster zum Hof*, *Blow Up*, *Paparazzi*, *Die Augen der Laura Mars* oder *One Hour Photo*, Thriller wie *Das 3. Auge*, *Eyes of Crystal* oder *Vier Fliegen auf grauem Samt* (und andere Filme von Dario Argento) sind auch immer Filme über Wahrnehmung und über das kulturelle Dispositiv, das die Bedeutung der Medien bestimmt. Doch keiner dieser Filme buchstabiert das Spektrum medientheoretischer, -technischer und -praktischer Fragen so breit aus, wie *Blade Runner* es tut. Entstanden an der Schwelle zur Digitalisierung und dabei doch komplett analog gedreht, reflektiert der Film nicht nur mediale Veränderungen, sondern thematisiert auch implizit eine Vielzahl all jener Fragen, die für eine Untersuchung des ›medialen Auges‹ im Zusammenhang visueller Kultur von zentraler Bedeutung sind. *Blade Runner* ist eine Reise ins Herz der Finsternis der technischen Reproduzierbarkeit (und das nicht nur, weil in dieser Welt die Sonne längst nicht mehr scheint), hat doch der Protagonist namens Deckard die Aufgabe, eine Gruppe von Replikanten, künstlichen Menschen, ausfindig zu machen und aus dem Verkehr zu ziehen. So als solle sie vor der Macht der technischen wie digitalen Reproduktion beschützt werden, ist die Erde für sie eine Sperrzone, ein verbotenes Land. Gleichwohl sind sie kaum von Menschen zu unterscheiden, und selbst bei dem ansonsten durchgeführten Augentest braucht es Wissen und Geduld, um zu einem eindeutigen Ergebnis zu kommen. Wenn man Menschen wie Replikanten Fragen stellt, so erzeugen diese eine Art Flackern in den Augen, an dem man sie dann unterscheiden kann: Schau mir tief in die Augen, und ich sage dir, ob du menschlich bist. Es ist die Wahrnehmung, die hier dank eines medizinisch-medialen Dispositivs einmalige Individuen von reproduzierbaren Cyborgs scheidet. Allerdings gehört zur besonderen Raffinesse des Films, dass er sukzessive die Replikanten immer menschlicher und die Menschen immer technokratischkühler erscheinen lässt. Dass Deckard sich in Rachel, eine der Replikantinnen, verliebt und diese offenbar seine Gefühle erwidert, gehört zu den besonderen Wendungen, die diese Geschichte nimmt. Dabei spielen visuelle Medien eine zentrale Rolle. Auf der einen Seite erzeugen sie das Gefühl, Mensch zu sein: Rachel besitzt einige beschriftete Photographien, die sie glauben lassen, sie verfüge über eine eigene Geschichte, da sie auf einem der Bilder mit ihrer vermeintlichen Mutter abgebildet ist. Auf der anderen Seite produzieren Medien jene Stimmung von Artifizialität, einer medial konstruierten Welt, für die *Blade Runner* berühmt ist und die für das Kino dieser Zeit stilbildend war. Auf den Hochhausfassaden leuchten Videowände in die Nacht, Eulen sind Teil eines technisch-apparativen Videoüberwachungssystems, Unterhaltungselektronik erweist sich immer auch als Überwachungsmittel, und es gibt keinen Bereich dieser Welt, der nicht voller technischer Bilder wäre. Gerade die eigentümliche medienhistorische Schwellensituation, die *Blade Runner* auszeichnet, führt dazu, dass der Film von zentralen medialen Fragen einer postmodernen visuellen Kultur handelt. Entscheidend ist dabei stets die Grenze zwischen analogen und digitalen Bildern, Natur und Kultur, Individuum und technischem Double. An ihr entlang verläuft der Film und skizziert so Fragen der Historizität der Wahrnehmung, der Omnipräsenz technischer Bilder und Apparate, ihrer Vertrauenswürdigkeit und nicht zuletzt ihrer öffentlichen wie privaten Verwendung und Wirksamkeit. Vor diesem Hintergrund unternimmt *Blade Runner* geradezu eine ästhetische Medienkritik und -analytik.

Das hier am Beispiel von *Blade Runner* vollzogene Verfahren, mittels Beispielen aus der U-Kultur kulturkritische Fragen aufzuwerfen, ist durchaus charakteristisch für die Verfahrensweise der *Visual Culture Studies*. Sie haben den berühmten Appell Leslie

Fiedlers »Cross the border – close the gap«, der seinerzeit auf die Überwindung der Kluft zwischen E- und U-Kultur zielte und dabei zugleich federführend für die Theorie der Postmoderne war, in ihre analytische Praxis übertragen. Eine Theorie visueller Kulturen darf keinen kategorialen Unterschied zwischen diesen Bereichen machen, sondern bezieht sie gleichermaßen auf übergeordnete Fragestellungen, die von einem weiter gefassten Kulturbegriff als Spielfeld kollektiver Identitäten, Normen und Selbstbeschreibungen bestimmt werden. Auch Beispiele aus der U-Kultur erweisen sich diesbezüglich als theorierelevant und überaus aufschlussreich. Zudem stellen sie für eine Kulturkritik mitunter Möglichkeiten bereit, einerseits Stereotype auszumachen, um aber zugleich andererseits auch subversive Praktiken aufzufinden, die sich gegen diese richten und sie zu überwinden suchen. Die Populärkultur ist überaus reich an solchen Beispielen. Pars pro toto möge hier aber *Blade Runner* genügen, um deutlich zu machen, dass Medientheorie durch medienästhetische Analysen und Szenarien eine wichtige Ergänzung erhält.

Ganz allgemein kann man die vielfältig mäandernde Medientheorie auf fünf Grundfragen reduzieren, die im Zusammenhang der Erforschung visueller Kulturen von entscheidender Bedeutung sind: *Erstens* – und diesem Aspekt wird im nächsten Kapitel exemplarisch nachgegangen – ist eine Historizität der Wahrnehmung zu konstatieren, die in komplexer Korrelation zu medientechnischen Veränderungen steht. Diese These findet sich, wie in der Einleitung schon bemerkt, bereits in Walter Benjamins ungemein einflussreichem Essay *Das Kunstwerk im Zeitalter seiner technischen Reproduzierbarkeit*, der, Ende der 1930er Jahre entstanden, zum Kanon im Forschungsfeld visueller Kultur gehört. Benjamin schreibt dort: »Innerhalb großer geschichtlicher Zeiträume verändert sich mit der gesamten Daseinsweise der menschlichen Kollektiva auch die Art und Weise ihrer Sinneswahrnehmung. Die Art und Weise, in der die menschliche Sinneswahrnehmung sich organisiert – das Medium, in dem sie erfolgt – ist nicht nur natürlich, sondern auch geschichtlich bedingt.«[80] Mit anderen Worten: Nicht nur Medien sind historisch, sondern die Sinne sind es auch. Die physiologischen Faktoren der Wahrnehmung allein sind nicht ausreichend, will man sie angemessen beschreiben. Wahrnehmung und Medien sind immer schon miteinander verschaltet. Das konstatiert auch Benjamin, bei dem das erste Kapitel des Essays mit dem oft überlesenen Satz beginnt: »Das Kunstwerk ist grundsätzlich immer reproduzierbar gewesen.«[81] Was Benjamin dann kritisch wie diagnostisch beobachtet, ist eine radikale Verschiebung innerhalb der Kommunikationsstrukturen mitsamt ihren Auswirkungen auf die menschliche Wahrnehmung. Man kann es auch schärfer formulieren als Benjamin: Medien geht es um eine Erweiterung und letztlich auch Eroberung der Sinne.[82] Sie erzeugen eine Wirklichkeit, die den Sinnen ihre Regeln, Gesetze und Ordnungen überhaupt erst gibt. Zeitungen werden anders gelesen als Bücher, Filme anders betrachtet als Photographien, Textdateien am Computer anders geschrieben als Texte mit der Schreibmaschine. Medien gestatten prinzipiell auch ein Mehr-Sehen und Mehr-Hören, sie erlauben eine Reproduktion und Verbreitung von Bildern, Dokumenten und Texten und führen so zu gänzlich neuen Wahrnehmungs- und Rezeptionsbedingungen. Benjamin unterstreicht etwa die Bedeutung einer Rezeption von Filmen in Kollektiven, sprich in einem Kinosaal, in dem man nicht vereinzelt, sondern in der Masse sitzt. Seiner Auffassung nach zielte der Film nicht nur explizit auf eine solche massenhafte und, wie er meinte, zerstreute Wahrnehmung, sondern führte auch dazu, dass sich die Wahrnehmung außerhalb des Kinosaals ebenfalls veränderte. Letzteres ist, auch wenn Filmtheoretiker nach Benjamin gerade die Vereinzelung des Zuschauers im Dispositiv Kino hervorgehoben haben, durchaus common sense der Mediengeschichte und lässt sich anhand anderer Beispiele plausibilisieren: So hat etwa im späten 18. und frühen 19. Jahrhundert das Aufkommen von Zeitungen, die später auch mit photographischen Illustrationen versehen wurden, andere Informationsmöglichkeiten eröffnet, die dann ihrerseits auf die Wahrnehmung zurückwirkten. Wenn man über tagespolitische Informationen eines Landes verfügt, das man bereist, so sieht man es mit anderen Augen. Und wenn man heute über Smartphones verfügt, die jeden Ort, an dem man sich aktuell befindet, durch GPS-Daten und Online-Verbindung kartographieren und mit beliebigen Informationen anreichern können, ist sicherlich ein weiterer entscheidender Umbruch zu konstatieren. Um noch ein zweites Beispiel anzuführen: Die Tatsache, dass Leonardo da Vincis *Mona Lisa* in vielfachen Reproduktionen kommerziell vertrieben worden ist, im Netz, in Filmen und Büchern (etwa dem *Da Vinci Code*) an prominenter Stelle erscheint, hat nicht unerhebliche Auswirkungen auf unsere Wahrnehmung des Bildes und seine kulturellen Bedeutungen. Und nicht zuletzt hat die progressive Digitalisierung dazu geführt, dass Bilder mehr denn je zirkulieren und in mitunter veränderter Gestalt in höchst unterschiedlichen Kontexten wiederauftauchen. Digitalisierung lässt sich einerseits als nachhaltige Erschütterung eines ontologischen Glaubens an die Wirklichkeitsreferenz der Bilder beschreiben. Weitaus gravierender ist jedoch die Revolution der Bildpraxis, die technische Bilder nicht nur überall verfügbar macht, sondern sie zirkulieren lässt und dabei zugleich als manipulierbare und veränderbare verwendet. Mit der Digitalisierung hat sich also nicht allein die Haltung zur ›Natur‹ (der Ontologie, der Frage nach dem Sein) der Bilder, sondern auch ihr Gebrauch verändert. Walter Benjamins Beobachtung einer kulturellen Erschütterung durch eine auf technische Reproduzierbarkeit hin angelegte Produktion der Bilder findet ihre radikalisierte Fortsetzung.

Und seine These einer Historizität der Wahrnehmung ist in der Medientheorie vielfach ausbuchstabiert und radikalisiert worden. Insbesondere in den Zeiten einer allgemeinen Medientheorie, die Ende des 20. Jahrhunderts Mediengeschichte in nachgerade welthistorischer Perspektive mit weit ausgreifenden kulturdiagnostischen Thesen verband, wurden ebenso pointierte wie allgemeine Thesen formuliert. Um nur einige wenige und sehr bekannte Beispiele anzuführen: Der französische Medientheoretiker Paul Virilio etwa konstatierte eine zunehmende Beschleunigung der Gesellschaft, aufgrund derer sich die Medien, die durchweg mit militärischen Strategien verbunden sind, der Sinne bemächtigen, welche letztlich mit den kulturellen Veränderungen nicht Schritt halten können. Andere Theoretiker, wie etwa Norbert Bolz, sprachen vom Ende der Gutenberg-Galaxis und vom Einbruch bzw. Anbruch des *Posthistoire* oder konstatierten wie Vilém Flusser eine zunehmende Abstraktion, bei der eine Vierdimensionaliät der Wahrnehmung allmählich in die Eindimensionalität von Computercodes übergeht. Andere Diagnosen hingegen folgten den Annahmen Friedrich Kittlers, dass die medientechnischen Veränderungen, sprich die »hardware«, kulturelle Veränderungen, also die »software«, bedingen und bestimmen. So unterschiedlich diese Theorien auch sein mögen – und viele weitere Positionen wären hier zu ergänzen –, so teilen sie doch die Annahme einer Geschichtlichkeit der menschlichen Wahrnehmung aufgrund ihrer engen Verbindung mit medialen Faktoren. Mediengeschichte ist daher immer auch Wahrnehmungsgeschichte. Das ist eine der ›harten‹ Thesen einer interdisziplinären Theorie visueller Kulturen.

Zweitens ist eine progressive medial vermittelte Visualisierung zu beobachten, die auch jene Bereiche der alltäglichen Welt umfasst, die nicht per se visueller Natur sind. Die Rede ist von der »Bilderflut«, die seit einiger Zeit in kulturkritischer Absicht konstatiert wird, aber bereits bei Walter Benjamin als historisch älteres und nachhaltigeres Phänomen beschrieben wird. Mit Aufkommen der Zeitungen entsteht bereits im 19. Jahrhundert ein Markt für die massenmediale Verbreitung von Texten, die der besseren Verkäuflichkeit wegen mit Illustrationen versehen werden. Diese verdankten sich neuen drucktechnischen Verfahren wie der Entwicklung der Lithographie oder des Offsetdrucks, griffen aber auch auf Holzschnitte oder Stahlstiche zurück. Betrachtet man die Entwicklung des Zeitungsmarkts, so haben mittlerweile auch die letzten jener Blätter, die konsequent auf Bilder verzichteten (wie etwa die französische Tageszeitung *Le Monde*), die Segel gestrichen und setzen auf eine bildzentrierte oder zumindest bildorientierte Informationsstrategie. Die *Bild*-Zeitung trägt ihren Namen auch dahingehend zu Recht, dass die Bilder hier längst die Oberhand über die Texte gewonnen haben, was den Anteil am Gesamtvolumen einer Ausgabe anbetrifft. Ähnliches gilt aber auch für viele andere Bereiche. Der oft proklamierte *iconic* oder *pictorial turn*, das gesteigerte theoretische Interesse für Bilder, geht einher mit einer neuartigen Omnipräsenz des Bildes in der Gegenwart. Die kulturelle Diagnose und ihre theoretische Aufarbeitung stehen jedoch in einem deutlichen Missverhältnis: Während die Bilder nicht zuletzt durch das Aufkommen des Computers in allen Bereichen der Wirklichkeit enorm an Bedeutung gewonnen haben, gilt das für ihre wissenschaftliche Aufarbeitung nicht in gleicher Weise. Allerdings kommen hier die deutschsprachigen Bildwissenschaften und die Analysen der *Visual Culture Studies* zu einem etwas anderen Befund. Beide konstatieren eine Bildvergessenheit der abendländischen Theorie, die Bilder konsequent als defizitäre Medien gegenüber Texten ansah. Der amerikanische Philosophie- und Kulturhistoriker Martin Jay hat etwa dem Ausblenden der Bilddimension in der französischen Theorietradition zwischen Diskursanalyse und Dekonstruktion ein ganzes, vielbeachtetes Buch gewidmet.[83] Es gibt, so konstatiert nicht nur er, eine gewisse Bildblindheit der Philosophie. Diese habe Bilder immer nur im Verhältnis zur Sprache gedacht und sei den Bildern mit enormem Misstrauen begegnet. Daher stünden, so die übereinstimmende Beobachtung, keine ausreichenden Begriffe und theoretischen Instrumentarien bereit, um Bilder überhaupt angemessen denken zu können. Aufgabe müsse es deshalb sein, sie aus diesem hegemonialen Herrschaftsverhältnis, das Bilder fortwährend in Texte verwandelt, zu befreien.

Das ist der weitreichende Gedanke, von dem beide, Bildwissenschaften und *Visual Culture Studies*, ihren Ausgang nehmen. Allerdings verfolgen sie tendenziell sehr unterschiedliche Strategien. Während die theoretischen Bildwissenschaften eine Eigenlogik des Bildlichen proklamieren, geht es den zumeist praxisorientierten Analysen visueller Kulturen um das Ineinander von Text (bzw. Diskurs, Symbolsystemen u.ä.) und Bild. Das sei in aller Kürze und in recht schematischer Form anhand zweier Protagonisten der Theoriefelder kurz erläutert. Auf der einen Seite Gottfried Boehm, der den Begriff des »iconic turn« geprägt hat und zu den Vordenkern der Bildwissenschaft im deutschen Sprachraum zählt. Auf der anderen W.J.T. Mitchell, von dem die diagnostische Bezeichnung des »pictorial turn« stammt und der in entscheidender Weise die *Visual Culture Studies* an amerikanischen Universitäten befördert hat. Während nun auf der einen Seite, jener der Bildwissenschaft, zwei Welten noch deutlicher voneinander geschieden werden sollen, werden sie auf der anderen, eben der der *Visual Culture*, als strukturell miteinander verschränkt angesehen. »Das ›Bild‹ [...] betrifft vielmehr eine andere Art des Denkens«,[84] formuliert etwa Gottfried Boehm. Anders als bei den *Visual Culture Studies*, die ihre Untersuchungsgegenstände oft aus der Populär- und Medienkultur beziehen, sind das bei jener

Bildwissenschaft, für die Boehm steht, zumeist Beispiele aus der bildenden Kunst oder den Naturwissenschaften. Deutlich wird, dass es der Bildwissenschaft vor allem um Fragen immanenter Reflexion des Ikonischen und um eine Erkenntnistheorie des Bildes überhaupt geht. Entworfen wird eine nicht selten philosophisch einsetzende Theorie, die anhand von zumeist klassischen Beispielen neues Bildwissen sucht. Boehm spricht daher von »kognitiven Möglichkeiten des Bildes«, d.h., er geht von der Annahme aus, dass Bilder eine andere Art und Weise des Denkens eröffnen. Befragt wird vor allem die »immanente Ordnung und Reflexivität der Bilder selbst«, die, so die theoretische Annahme, über einen ihnen eigenen »Reichtum« und über ein enormes »historisches und kulturelles Veränderungspotential« verfügen.[85] Es gibt, so Boehm weiter, einen »genuin ikonischen Sinn«, der nicht auf Sprache zurückzuführen, ja mit der Ordnung der Sprache inkommensurabel ist und daher auch nicht angemessen in Worte überführt werden kann. Deshalb gelte es, den »Kampf zwischen dem Sichtbaren und dem Sagbaren« nicht nur zu konstatieren, sondern überhaupt erst aufzunehmen und fortzuführen. »Bilder besitzen«, so Boehm, »eine eigene, nur ihnen zugehörige Logik.«[86] Wenn man Logik als konsistente Erzeugung von Sinn begreift, so ist die Logik der Bilder vor allem nicht-prädikativ, d.h., sie macht keine Aussagen über die Wirklichkeit. Die ihnen eigene Kraft und der ihnen eigene Sinn sind vielmehr vor allem deiktisch: Bilder zeigen etwas, indem sie sich zugleich von der Wirklichkeit unterscheiden. Bilder sind nicht einfach Abbilder, sondern vielmehr ein »Zeigen eigenen Rechts«. Das ist das, was Boehm als »ikonische Differenz« bezeichnet. Bilder unterscheiden sich nicht nur von der Wirklichkeit, sie eröffnen dadurch vielmehr eine Wirklichkeit.

Anders der Ansatz W.J.T. Mitchells, der pars pro toto für die *Visual Culture Studies* angeführt werden kann. Er fasst den *picto-*

rial turn weitaus stärker gesellschaftstheoretisch, als es die deutsche Bildwissenschaft tut, und unterstreicht, dass dieser erst durch »neue Technologien der Bildproduktion, der Bilddistribution und des Bildkonsums«,[87] sprich: durch medientechnische Veränderungen ermöglicht worden sei. Bilder sind daher, so Mitchell, per se in ihrem Medienverbund und ihrer gesellschaftlichen Funktion zu analysieren. Das ist die *difference that makes a difference* (Bateson) zwischen Bildwissenschaften und *Visual Culture Studies*. Letzteren geht es vorrangig um mediale Dispositive, um kulturelle Kontexte, um Bilder als Bestandteile von Wahrnehmungsprozessen, um Visualität im Spannungsfeld historisch veränderbarer gesellschaftlicher und diskursiver Kontexte im Sinne einer dezidierten Kulturkritik. Daher interessiert Mitchell weniger jene Trennung – auf der einen Seite das Reich der Sprache, auf der anderen jenes der Bilder –, die Boehm vollzieht, als vielmehr ein komplexes und nur unter Verlusten isolierbares Ineinander von Textualität und Bildlichkeit. In seinen Büchern wird er nicht müde, dieses Verwobensein herauszustreichen. Dazu tritt die Visualität, also die von konkreten Artefakten und Objekten ablösbaren Praktiken und Techniken des Sehens, die Prozesse des Zu-Sehen-Gebens, die kulturelle Bewertung, Symbolisierung und Rahmung des Sehens und der Sichtbarkeit als solcher. Das ist seine Art, auf die Verdrängung der Bilder zu reagieren und ihnen einen Platz zuzuweisen. Dementsprechend fällt auch seine historische Analyse anders aus. Nach Boehm gab es ja eine Bildvergessenheit der abendländischen Tradition; Mitchell hingegen ist der Auffassung, dass der »pictorial turn« nicht der erste seiner Art war und es in der Vergangenheit immer wieder solche theoretischen wie praktischen Hinwendungen zur Bildwelt wie auch Abwendungen (etwa Ikonoklasmus) von ihr gegeben habe. Dementsprechend müsse man nicht die BiIder vor der Sprache schützen, sondern vielmehr die gesellschaftliche Funktion des jeweiligen turns in den Blick nehmen. Der »pictorial« und der »iconic« turn sind dabei, um Missverständnissen vorzubeugen, nicht einfach als Zunahme von Bildern oder ›Bilderflut‹ aufzufassen, sondern zeigen eine veränderte theoretische Haltung an: Bilder werden nun mit einem Mal zu Untersuchungsgegenständen eigenen Rechts – und das jenseits des angestammten Gebiets der Kunstgeschichte. Nun komme es aber darauf an, auch Theorien zu entwickeln, die der (Eigen-)Logik der Bilder und ihrer gesellschaftlichen Funktion angemessen sind. Viele Referenztheorien sind am Leitfaden sprachlicher Gegenstände entworfen worden und somit für Bilder und visuelle Phänomene bestenfalls bedingt geeignet bzw. erscheinen als Untersuchungsgegenstand im Sinne einer kritischen Aufarbeitung. Der so eigentümliche wie anregende Theoriemix, der sich auch in dieser Einführung findet, ist nicht zuletzt dieser theoretischen Suchbewegung geschuldet.

Untersucht werden in den *Visual Culture Studies* kulturelle, gesellschaftliche Praktiken des Sehens (und nicht nur Bilder), da Wahrnehmung als eine kulturelle Handlung begriffen wird, die einer komplexen Codierung unterworfen ist. Wir sehen niemals unschuldig, da unser Blick kulturellen Vorgaben folgt. Wenn Sehen nun geschichtlich ist, so ist, wie bereits betont, seine Geschichte zu untersuchen und mit ihr Fragen nach Geschlecht, Identität, Ethnie etc. Diese stammen bereits aus den *Cultural Studies*, werden aber erneut aufgenommen und nun auf den Bereich des Visuellen übertragen. Konsequenterweise werden Bilder als ideologische Einstellungen aufgefasst, die eine normierende Funktion haben, mitunter einer Strategie der Naturalisierung folgen und unser Bild der Welt prägen. Insofern hier der ganze Bereich der Wahrnehmung und Bildproduktion in den Blick genommen wird, spielt der Medienverbund eine entscheidende Rolle. Es geht den Analysen der *Visual Culture Studies* also um die kulturellen Konstruktionen des visuellen Feldes, der visuellen Wirklichkeit. Ziel ist es, eine Art »visuelle Lesefähigkeit« (*visual literacy*) auszubilden, die in der Lage ist, Bilder – hier im weitesten Sinne verstanden – zu interpretieren und nicht als selbstverständlich hinzunehmen, oder die, anders formuliert, über »kritische Werkzeuge für die Erforschung der menschlichen Visualität«[88] verfügt.

Dazu gehört es dann *drittens* auch, die diskursiven Versprechen der Medien kritisch zu hinterfragen: So etwa sei »the myth of photographic truth«[89] zu entmystifizieren. Was ist damit gemeint? Als die Photographie Ende der 1830er Jahre der Öffentlichkeit vorgestellt wurde, beschrieben Betrachter sie als Ebenbild des Gegenstandes, der frei von der Einflussnahme eines Subjekts eine Maschine als »Wortes des Lichts«, als natürliches Phänomen ohne jede kulturelle Intervention aufgezeichnet habe. Der britische Erfinder des Positiv-Negativ-Verfahrens auf Papier, William Henry Fox Talbot, sprach daher vom »Pencil of Nature«, vom »Zeichenstift der Natur«. Diese Deutungstradition hat zumindest bis zum Aufkommen der Digitalisierung im Reich der technischen Bilder, letztlich aber bis heute Bestand. Bei dem Betrachten von digital angefertigten Urlaubsbildern in einem Photoalbum zweifeln wir nicht am »Es-ist-so-gewesen« (Barthes) der Photographien. Genau diesen Glauben gilt es aber zu erschüttern. Er steht in einer Tradition mit religiösen Bildern, wie etwa Ikonen, die man als »acheiropoetisch« bezeichnet hat, als »nicht von Menschenhand gemacht«. Dieser kulturelle Transfer von religiösen Überzeugungen auf technische Bilder verleiht diesen einen diskursiven Überschuss, rüstet sie mit einem regelrechten Programm aus, das dann ihre Wahrnehmung und ihre kulturellen Funktionen maßgeblich bestimmt. Nun sind aber Photographien immer schon abhängig von zahlreichen Faktoren, die ihren Status als »Zeichenstift der Natur« oder als »vom

Himmel gefallene Abdrücke«, wie ein Betrachter die Daguerreotypien beschrieb,[90] mehr als nur einschränken. Sie sind zweidimensionale Reduzierungen von dreidimensionalen Gegenständen, oft schwarz-weiß, zeigen Ausschnitte und sind abhängig von technischen Faktoren wie Objektiven, Belichtungszeiten oder Filmen. Hinzu kommt eine Fülle kultureller Faktoren wie medientechnische Verfahren, leitende Geschmacksvorstellungen, implizite oder explizite Normen bei der Darstellung bestimmter Gegenstände, Verschiebungen der Verwendungsweise der Bilder usw. Die vermeintlich ›natürlichen‹ Bilder müssen in ihrer tiefen Abhängigkeit von kulturellen Gegebenheiten in den Blick genommen werden.

Viertens gilt es, die Veränderungen durch die Digitalisierung angemessen zu beschreiben. Die Einschätzungen oszillieren hierbei zwischen einer regelrechten Revolution und einem radikalen Bruch einerseits und einer Kontinuität andererseits. Und *fünftens* spielen im Rahmen der Medien auch die massenmedialen Rezeptionsbedingungen eine entscheidende Rolle. Beides kann man an einem berühmten Beispiel illustrieren, das in Einführungen der *Visual Culture Studies* und insbesondere Büchern zur digitalen Wende in der Photographiegeschichte oft auftaucht: Die Titelseiten von *Time* und *Newsweek* verwendeten am 27. Juni 1994 jeweils ein identisches Photo von O.J. Simpson im Zuge der Berichterstattung über diesen spektakulären Fall.[91] In der *Time*-Version wird es allerdings digital in einer Weise nachbearbeitet, dass das Gesicht einen dämonischen Ausdruck erhält. Der sogenannte *Mug Shot*, die polizeiliche Identifikationsaufnahme, erhält hier nicht nur eine massenmediale Verwendung mitsamt ihrer kalkulierten Abstimmung auf das Zielpublikum, sondern ist zugleich ein Lehrstück über die Möglichkeiten der Bildbearbeitung. Dass diese hier digital erfolgte, ist keineswegs von struktureller Bedeutung, da gleiche Ergebnisse auch mit herkömmlichen Verfahren (Retusche, Nachkolorieren etc.) hätten erzielt werden können. Wichtiger ist, dass hier anhand des Vergleichs der beiden Bilder ausgestellt wird, was bereits gängige Praxis ist. Photographische Bilder suggerieren oder erzeugen Authentizität, indem sie auf Verfahren zurückgreifen, die die Bildwirkung gezielt steuern. Der mit der Digitalisierung erfolgte und vielfach konstatierte Bruch in der Geschichte der Bilder stellt sich für eine kritische Analyse visueller Kulturen anders dar, weil die zugrunde liegenden Theorien bei der Beschreibung des ontologischen Status, des Seins der photographischen Bilder, den Akzent ohnehin mehr auf ihre Historizität als auf ihre vermeintliche Natur als Beleg der Existenz des Abgebildeten legen. Daher sind ihnen historische Gebrauchsweisen immer wichtiger als überzeitliche Wesenheiten. Und dementsprechend sind ihnen die Veränderungen, die sich in der Praxis ergeben haben, wichtiger als jene der ›Natur‹ der technischen Bilder, die sie ohnehin von vornherein in Zweifel ziehen.

Das lässt sich vortrefflich auch am Beispiel von *Blade Runner* illustrieren: In einer längeren Sequenz, die auch heute im Internet vielfach als Beispiel moderner Medienpraxis angeführt wird (man sehe nur unter You Tube oder in der Google-Bildsuche nach, wo sich diverse Varianten dieses Blow-up-Verfahrens finden), studiert der Kopfgeldjäger Deckard minutiös einige vermeintlich private Familienphotos der Replikanten, indem er mittels sprachlicher Befehle Teile vergrößert und so Details erkennbar macht, die, dem, wie man einhundertfünfzig Jahre vorher zu sagen pflegte, »unbewaffneten Auge« entgangen sind oder schlicht nicht sichtbar waren. Die Photographien werden hier, obwohl sie offenkundig digital hergestellt und bearbeitet werden, als indexikalische Zeichen, als Spuren des Realen, ja als regelrechte Indizien vorgestellt, die Deckard bei seiner Suche und Orientierung im Dickicht der Phänomene helfen sollen – und dies im

Folgenden tatsächlich tun, dienen sie ihm doch dazu, einen der Replikanten zu finden und zu töten. Den Beweischarakter, den er im Film kurz davor den Familienphotos Rachels noch abgesprochen und ihr damit die Illusion einer eigenen Geschichte geraubt hatte, weist Deckard nun diesen Bildern zu und benutzt sie für seine erfolgreiche Verfolgungsjagd. Bemerkenswert ist nicht nur, dass er in der Photographie durch Vergrößerung etwas sichtbar macht, was er dort mit bloßem Auge schlicht nicht sehen konnte, sondern auch, dass das Bild, das er dann später ausdruckt, nicht demjenigen entspricht, das man zuvor auf seinem Bildschirm erkennen konnte und das auch er dort sah. Die Evidenz der Bilder funktioniert nur dann, wenn man den Photographien eher vertraut als der eigenen Wahrnehmung, die Bilder selber manipuliert hat oder schließlich, wenn man von vornherein davon ausgeht, dass das komplette Regime der Bilder seinerseits eine bloße Konstruktion ist, die über eine inhärente Logik verfügt. Mit anderen Worten: Die Photographien in *Blade Runner* verweisen auf eine ihrerseits radikal konstruierte Wirklichkeit, für die eine Trennung zwischen dem Realen und dem Imaginären, dem Bild und dem Abgebildeten, der Photographie und der Welt der Erscheinungen, längst nicht mehr gilt. Die Photographien sind ebenso konstruiert wie die Wirklichkeit, und das Auge ist von dieser Welt abgekoppelt. Es kann sich der Welt der Photographie überlassen, die nun zu seiner Welt wird. Wenn Deckard im Film schließlich, einmal an diesem Punkt angekommen, seiner Neigung zur Replikantin Rachel nachgibt, so ist das nur folgerichtig. In einer dergestalt konstruierten Welt macht die Unterscheidung zwischen Natürlichkeit und Künstlichkeit, zwischen Wirklichkeit und Simulation, zwischen Singularität und Duplikat keinen Sinn mehr. Die Frage, ob auch er selbst ein Cyborg sein könnte, spielt letztlich keine Rolle mehr, da das Regime der Bilder diese Unterscheidung ohnehin obsolet gemacht hat. Das ist die finstere Pointe des *Blade Runner*. Eine Analyse dieses Films im Sinne von Problemlagen visueller Kultur sollte jedoch nicht in die Falle tappen, dieses Gesellschaftsbild kurzerhand zu bestätigen und als gültig anzuerkennen. Sie hätte vielmehr zur Aufgabe, den Film als Ausbuchstabieren der medialen wie gesellschaftlichen Phantasmen zu deuten, die zu einem bestimmten historischen Zeitpunkt mit der Postmoderne und der Digitalisierung einhergingen. Das mediale Auge ist auch dann ein historisches, wenn es sich als diagnostisches Sinnbild der Zeit darstellt.

Literatur

Walter Benjamin, *Das Kunstwerk im Zeitalter seiner technischen Reproduzierbarkeit*, Suhrkamp Studienbibliothek 1, Frankfurt/Main 2007.

Lorenz Engell, Oliver Fahle, Claus Pias und Joseph Vogl (Hg.), *Kursbuch Medienkultur: Die maßgeblichen Theorien von Brecht bis Baudrillard*, Stuttgart 1999.

Winfried Gerling, Susanne Holschbach und Petra Löffler, *Bilder verteilen. Fotografische Praktiken in der digitalen Kultur*, Bielefeld 2018.

Claudia Liebrand, Irmela Schneider, Björn Bohnenkamp, Laura Frahm (Hg.), *Einführung in die Medienkulturwissenschaft*, Münster 2005.

Marshall McLuhan, *Absolute McLuhan*, hg. von Martin Baltes und Rainer Höltschl, Freiburg 2006.

Dieter Mersch, *Medientheorien zur Einführung*, 2. Auflage, Hamburg 2009.

W.J.T. Mitchell, *Bildtheorie*, Frankfurt/Main 2008.

Bernd Stiegler, *Theoriegeschichte der Photographie*, München 2006.

Marita Sturken und Lisa Cartwright, *Practices of Looking: An Introduction to Visual Culture*, Oxford und New York 2001.

Siegfried Zielinski, *Archäologie der Medien. Zur Tiefenzeit des technischen Hörens und Sehens*, Reinbek 2002.

5. Das doppelte Auge – vom monokularen zum physiologischen Sehen

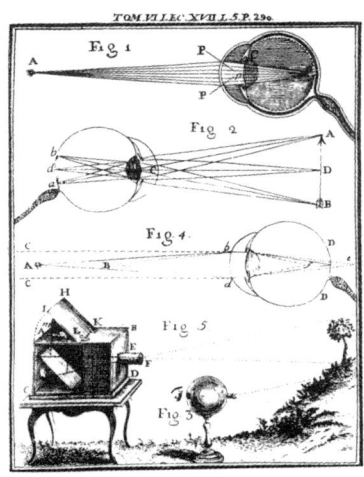

Abb. 6: Vergleich von Auge und Camera obscura,
frühes 18. Jahrhundert

Diese Graphik aus dem frühen 18. Jahrhundert führt einen Vergleich vor Augen, der, wie sich zeigen wird, den menschlichen Sehapparat modellhaft überformt. Was hier auf einer Seite nebeneinander gestellt und verglichen wird, ist das Auge als physiologisches Organ einerseits und eine sogenannte Camera obscura andererseits. Beide entsprechen einander in diesem Schaubild offenkundig funktional und sollen eine sichtbare Verwandtschaft aufweisen, die gleichen Gesetzen gehorcht. Doch was ist an dieser Parallelität, die sich bis in die Gegenwart hinein in der physiologischen Fachliteratur findet, überhaupt bemerkenswert? Und was hat dieser medizinische Gemeinplatz mit der Frage nach visueller Kultur zu tun, die auf den ersten Blick wahrnehmungsphysiologische Fragen nicht verhandelt, da diese doch in den Bereich der Medizin und somit der Naturwissenschaften fallen und wir es hier mit vermeintlich nicht veränderbaren anatomischen Konstanten zu tun haben?

Man kann an diesem zunächst selbstverständlich erscheinenden bildlichen Schema gleich eine ganze Reihe von Beobachtungen festmachen, die zusammengenommen ein umfangreiches Programm der Untersuchung visueller Kulturen bilden. Einige ergeben sich aus dem historischen Kontext, dem dieses Schaubild entstammt. Fünf Punkte sind hier von besonderer Bedeutung.

Erstens wird das Auge als einzelnes, isoliertes, aus dem Körper herausgelöstes Organ betrachtet. Das ist keineswegs selbstverständlich, da der Mensch bekanntlich zwei Augen hat und diese Tatsache im Übrigen für die Analyse und Beschreibung der Wahrnehmungsvorgänge von entscheidender Bedeutung ist. »Wozu hat der Mensch zwei Augen?« wird der berühmte Physiker und Wissenschaftstheoretiker Ernst Mach 1866 im Titel eines berühmten Vortrags fragen und dann eine Antwort geben, die ein anderes Bild des Sehens vermittelt, als es hier der Fall ist. Zunächst sei aber erst einmal festgehalten, dass es einen erheblichen Unterschied macht, ob wir es mit einem oder beiden Augen zu tun haben. Wir werden noch beobachten können: Mit den zweien sieht man einfach besser, oder präziser: anders.

Zweitens wird die Evidenz der Entsprechung von Auge und Camera obscura über mathematische Projektionen hergestellt, genauer über die Lehre der Dioptrik, d.h. die Untersuchung der Lichtbrechung durch geschliffene Körper. Das ist deshalb bemerkenswert, weil spätestens in der Mitte des 19. Jahrhunderts der

Anteil des Gehirns am Zustandekommen der visuellen Wahrnehmung herausgearbeitet wird, diese aber keineswegs geometrischen Gesetzen gehorcht. Die Vergleichbarkeit von Auge und Camera obscura hat nicht nur mit der Ähnlichkeit der Apparate zu tun, sondern auch mit einer Logik der Repräsentation, die Wahrnehmung als Projektion eines Außenraums (der umgebenden Wirklichkeit) in einen Innenraum (dem Auge oder der Kamera) bestimmt. Das Schaubild, so können wir beobachten, entwirft ein *Modell* der Wahrnehmung und ihrer Gesetze.

Drittens hat diese Entsprechung ihr Pendant in den Darstellungskonventionen der bildenden Kunst, die sich seit der Renaissance der Camera obscura als Werkzeug bedient, um möglichst ›naturgetreue‹ Bilder herzustellen. Wir haben bereits im Kapitel über visuelle Kulturen im Mittelalter und der Frühen Neuzeit gesehen, in welcher Weise die Frage der Perspektive nicht nur an Darstellungskonventionen geknüpft ist, sondern sich darüber hinaus als visuelle Selbstermächtigung des Individuums fassen lässt. Hier wird sie mit der Bestimmung der physiologischen Voraussetzungen des menschlichen Wahrnehmungsprozesses verbunden. Mit anderen Worten: Die Perspektive erweist sich auch hier als komplexe symbolische und kulturelle Form, bei der es um weit mehr geht als nur um geometrische Gesetze. Was das Sehen apparativ und in den Konventionen der Darstellung möglichst natürlich nachahmen soll, erweist sich bei genauerem Hinsehen umgekehrt als prägendes Modell, als von Apparaten und Kulturtechniken ausgehende Überschreibung des reinen Sehvorgangs, bei dem vieles vereinfacht bzw. gänzlich ausgeblendet wird. Dass es auch anders geht, zeigt sich, wenn man die Geschichte wissenschaftlicher Sehmodelle weiterverfolgt.

Viertens ist die Camera obscura von entscheidender Bedeutung für die Frühgeschichte der Photographie, da Photo- und auch Filmkameras diese technische Vorgabe aufnehmen und perfektionieren. Dies hat schließlich Konsequenzen für den Vergleich der Kamera mit dem menschlichen Auge. Wir werden sehen, in welcher Weise es zu einem regelrechten Transfer von Zuschreibungen kommt und so dem Auge Aufgaben zugewiesen werden, die die Photographie technisch bereits erfüllt, wie umgekehrt auch die Kamera in eigentümlicher Weise Aufgaben zu leisten hat, die das Auge vorbildlich umsetzt. Und es wird weiterhin zu zeigen sein, in welcher Weise medientechnische Erfindungen wichtige Voraussetzungen der wissenschaftlichen Forschung darstellen.

Fünftens ist daher schon die Parallelisierung von einem technischen Artefakt und einem Wahrnehmungsorgan bemerkenswert. Natur und Kultur werden in diesem Bild gewissermaßen programmatisch kurzgeschlossen. Das Schema soll zeigen, dass beide den gleichen Gesetzen mit überzeitlicher Gültigkeit gehorchen. Die kritische Befragung visueller Kulturen wird immer versuchen, diese zu historisieren und zu ›kulturalisieren‹, d.h. als kulturelle Konstruktionen sichtbar zu machen.

Wir haben es also mit einem breit gefächerten Spektrum höchst unterschiedlicher Bereiche zu tun, die in diesem Schema zusammenfinden. Um es überhaupt verstehen zu können, müssen wir auf Theorien zurückgreifen, die bei seiner Erzeugung stillschweigend vorausgesetzt werden. In einem ersten Schritt sei deshalb versucht, diese zu verdeutlichen, um dann in einem zweiten die epistemologischen Konsequenzen eines historischen Umbruchs auszuloten, durch den Anfang des 19. Jahrhunderts mit einem Mal das binokulare, das zweiäugige Sehen in den Mittelpunkt der theoretischen Aufmerksamkeit gerät. Es handelt sich um ein Paradebeispiel, um die intrikaten Verflechtungen zwischen Apparaten, wissenschaftlichen Konzepten, philosophischen Überzeugungen und kollektivem ›Wissen‹ vom ›natürlichen‹ Vorgang des Sehens zu erhellen. In einem dritten Schritt wird abschließend versucht, die medienhistorischen Begleiterscheinungen vorzustellen, die diese Neubestimmung für eines der ersten bildlichen Massenmedien, das Stereoskop, nutzen und die bis hinein in das jüngst breit propagierte 3D-Kino reichen.

Es ist fraglos das Buch *Techniken des Betrachters* des amerikanischen Kulturwissenschaftlers Jonathan Crary, dem das Verdienst zukommt, den Umbruch in der Ordnung der Wahrnehmungstheorien zu Beginn des 19. Jahrhunderts herausgearbeitet zu haben. Auch Crarys Untersuchung, aus der die Abbildung zu Beginn dieses Kapitels stammt, setzt mit der Wahrnehmungstheorie des 17. und 18. Jahrhunderts ein. Er deutet die Camera obscura als apparatives Modell der epistemologischen Vorstellungen in den philosophischen Diskursen dieser Zeit, die er auf die Formel eines »objektiven Grunds der sichtbaren Wahrheit«[92] bringt. Die visuelle Objektivität der Wahrnehmung ist durch die Camera obscura garantiert, die in Gestalt von geometrischen Regeln und Gesetzen Mathematik apparativ zur Bildgewinnung einsetzt: »Die Öffnung der Camera entspricht dem einen, mathematisch bestimmbaren Punkt, von dem her die Welt aus einer fortschreitenden Ansammlung und Kombination von Zeichen deduziert werden kann.«[93] Das Auge bzw. die Camera obscura erscheinen hier als »der Fluchtpunkt aller Dinge«,[94] sind notwendig passive Empfänger der Bilder der Außenwelt, die sie ohne jede Eigenaktivität aufnehmen. Die Geometrie des Auges soll mit der Struktur des Bildes übereinstimmen und *more geometrico*, den Regeln der Geometrie gehorchend, mathematisch präzise eine Entsprechung der Bilder mit dem, was sie darstellen, garantieren. Die Camera obscura ist aber nicht allein ein Apparat zur Herstellung visueller Evidenz, Präzision und Objektivität, sie ist auch Modell des Bewusstseins: »Das geordnete und berechenbare Eindringen von Lichtstrahlen durch eine einzige Öffnung in der Camera obscura entspricht somit dem Durchdrungensein des Geistes vom Licht der Vernunft.«⁹⁵ In dieser Gestalt steht sie als *monokulares* Sehen dem *binokularen* der menschlichen Wahrnehmung gegenüber und ist diesem übergeordnet. Hinsichtlich der Deutung der Camera obscura als Modell der Erkenntnis und des Bewusstseins ist René Descartes die paradigmatische Figur: Daher greift Crary, um den epistemologischen Einsatz dieser Apparatur zu verdeutlichen, explizit auf Descartes' Versuchsanordnung aus seiner Schrift *La Dioptrique* zurück, in der dieser den Leser anregt, in die Öffnung der Camera obscura das Auge eines Verstorbenen oder das eines Tieres einzusetzen: Was im Inneren der Dunkelkammer wie auch sozusagen im Kopf des Betrachters erscheint, ist dann die perspektivische Wiedergabe der Außenwelt. Das Auge projiziert die Außenwelt in einen abgeschlossenen und isolierten Innenraum, ist eine »Schnittstelle zwischen den bei Descartes noch vollständig getrennten *res cogitans* und *res extensa*, zwischen Betrachter und Welt«,⁹⁶ und macht so, in der Deutung Crarys, die Außenwelt für die Betrachtung des Verstandes verfügbar. Descartes markiert dabei in exemplarischer wie paradigmatischer Weise das Programm einer »geometrischen Optik«, das noch für die Camera obscura Geltung hat, aber mit Aufkommen der Photographie und insbesondere der Stereoskopie zur gleichen Zeit schließlich durch das neue Modell einer »physiologischen Optik« abgelöst wird. Betrachten wir diesen Paradigmenwechsel, der sich laut Crary zwischen 1820 und 1830 vollzogen hat, genauer: Mit dem Wechsel von der geometrischen hin zur physiologischen Optik, von einem monokularen zu einem binokularen Sehen, geht auch ein *shift* in der Theorie der Repräsentation einher, hin zu einem »normativen Sehen«, das auf Körperlichkeit, auf einer Physiologie des Sehens basiert. Das passive Auge wird nun zu einem aktiven, das konstitutiven Anteil an der Wahrnehmung hat und diese zu einem guten Teil zuallererst konstituiert.

Im älteren Modell ging man davon aus, dass der Mensch das auf die Netzhaut treffende Licht direkt empfinden könne: »So lange die Menschen über die Natur ihrer Sinnesempfindungen nicht weiter nachgedacht hatten, mussten sie geneigt sein, die Empfindungsqualitäten unmittelbar auf die äusseren Dinge zu übertragen, und so in den Sonnenstrahlen zwei, den zwei Empfindungen entsprechende Objecte vorauszusetzen.«[97] Paradigma für diese Erklärung des Sehens ist die *monokulare* Wahrnehmung, während für die von Hermann von Helmholtz vertretene neue Theorie die *binokulare* Wahrnehmung zur Grundlage wird. In der Tat sehen wir mit den beiden Augen ein und denselben Gegenstand unterschiedlich, was im alten Modell keine Rolle spielte. Bemerkenswert ist, dass nun eine technische Erfindung für die physiologische Forschung eingesetzt wird: das Stereoskop. Es ist ein Gerät, in das zwei gemalte und später photographierte Bilder eingesetzt werden können, die dann von den beiden Augen getrennt wahrgenommen werden: Das linke Auge sieht das eine Bild und das rechte das andere.

Abb. 7: Underwood & Underwood, *Stereophoto,* um 1905

Durch diese Trennung der Bilder und der Augen entsteht aber in eigentümlicher Weise ein räumliches Bild, dessen ›Lebendigkeit‹ nicht durch die Projektion des einzelnen Auges erklärbar ist, denn diese kann nicht erklären, warum aus zwei *unterschiedlichen* Bildern *eines* wird und warum die Lebendigkeit erst durch die Trennung der beiden Augen zustande kommt. Die Zusammensetzung der Bilder verdankt sich offensichtlich einer synthetischen Leistung der menschlichen Wahrnehmung, deren genaue Bestimmung kontrovers diskutiert wurde. Helmholtz erklärt das Phänomen mittels einer Zeichentheorie der Wahrnehmung, die auf Erfahrung und Gedächtnisleistung basiert. Bei ihm findet sich nach wie vor die bereits vielfach konstatierte Entsprechung von Auge und Kamera. Sie ist für Helmholtz allerdings Anlass, die technische Unzulänglichkeit des Organs zu kritisieren. Das Auge ist der Kamera keineswegs aufgrund seiner anatomischen Organisation überlegen, ganz im Gegenteil: Es ist ihr technisch unterlegen, die Wahrnehmung ist es aber nicht. Die ›Photographien‹ des Auges stellen nur das Zeichenmaterial bereit, das in der Wahrnehmung gelesen, geordnet und interpretiert wird. Helmholtz wird nicht müde, die technische Mängelliste oder das »Sündenregister«[98] des Auges zu ergänzen: Allein die Lücke des blinden Flecks ist so groß, »dass in ihr horizontal neben einander elf Vollmonde verschwinden könnten, oder ein 6 bis 7 Fuss entferntes menschliches Gesicht«[99].

Warum aber diese Diskussion? Helmholtz folgert aus der technisch-physiologischen Analyse des Auges, »dass es nicht die mechanische Vollkommenheit der Sinneswerkzeuge ist, welche uns diese wunderbar treuen und genauen Eindrücke verschafft«[100]. Die Präzision der Eindrücke verdankt sich nicht den optischen, sondern den kognitiven Voraussetzungen. Das Gehirn ist ein Korrektiv der Sinnesdaten. Das Auge sieht die Welt nur als ein »Aggregat farbiger Flächen im Gesichtsfelde«,[101] die erst dank der

Übersetzungsleistung des Gehirns Bedeutung gewinnen. Die farbigen Flächen werden durch Erinnerung, Erfahrung und Experiment zu bedeutungstragenden Zeichen. Helmholtz verlagert die Erkenntnis ins Subjekt, das allerdings auf die Erfahrung verwiesen wird, um überhaupt etwas erkennen zu können. Auch Ernst Mach wird ihm in seinem Vortrag »Wozu hat der Mensch zwei Augen?« in dieser Ansicht folgen. Die Empfindung, die ein Gegenstand hervorruft, ist für beide ein Erkennungszeichen, das seine Identifikation ermöglicht. Paradigmenwechsel wie dieser verdeutlichen, dass selbst die vermeintlich anatomisch oder biologisch bestimmte Wahrnehmung in den Bereich einer Geschichte des Sehens fällt. Wahrnehmungstheorien deuten das Auge als Sinnesapparat höchst unterschiedlich und mit massiven Konsequenzen. Was eine biologisch-anatomische Evidenz zu sein scheint, erweist sich als historisch-kulturelle Variable.

Man kann diesen Umbruch anhand eines vielleicht abseitigen, aber gleichwohl erhellenden Beispiels verdeutlichen. Es ist auch deshalb von besonderem Interesse, weil es eine Fülle von Aspekten vereinigt, die für die Analyse visueller Kulturen insgesamt von entscheidender Bedeutung sind. Wissenschaftliche Erkenntnisse und Entdeckungen bilden nämlich mit Phantasmen, einem metaphorischen Überschuss der Forschungsinteressen, populärwissenschaftlichen Adaptionen eben dieser Annahmen, medientechnischen Innovationen und nicht zuletzt Rückgriffen auf die längst überwunden geglaubte Tradition eine eigentümliche Gemengelage. Dabei zeigt sich, dass die Interferenz solch unterschiedlicher Bereiche ebenso produktive wie befremdliche Effekte zeitigen kann. Deren Analyse wiederum vermag in paradigmatischer Weise die Regeln und Funktionsweisen von visuellen Kulturen freizulegen.

Kurz nach Mitte des 19. Jahrhunderts, als die physiologische Optik sich durchzusetzen begann, tauchte in der wissenschaftlichen Forschung wie auch in der breiteren Öffentlichkeit eine solche merkwürdige Annahme auf, die aus heutiger Sicht als Fiktion betrachtet werden muss: Man nahm an, dass sich auf der Retina eines Toten das letzte Bild, das dieser im Moment seines Ablebens gesehen hatte, wie eine Photographie abzeichne, und nannte diese Bilder Optographien oder Optogramme.[102] Auch die wissenschaftliche Forschung zeichnet sich, wie dieses recht abseitige Beispiel vor Augen führt, durch einen phantasmatischen Überschuss aus, der sich maßgeblich aus Bildern und Metaphern speist. Erkenntnisleitende Annahme dieser vermeintlichen Entdeckung war die angenommene strukturelle Verwandtschaft des Auges mit einer Camera obscura, die auch in Stichen und Drucken vielfach demonstriert wurde. Der apparative Fortschritt hat, so kann man weiter konstatieren, neue Phantasmen rund um die Vorstellung des Sehprozesses entstehen lassen und beförderte vor allem die Idee, das Auge müsse wie eine Kamera Bilder aufzeichnen können und ähnele in seinen chemischen Abläufen einem Photolabor. Das ist genau der Überschuss, der seriöse Forschung in zweifelhafte Experimente umkippen lässt: Wenn schon das Auge wie ein Photolabor aufgebaut ist, dann, so die Folgerung, muss es auch photographieren können. Diese Augen-Photographien sind nun genau jene Optogramme, die in der Forschung nach den Vorstellungen der Zeit treffend als Optographien bezeichnet wurden und von ihr vergeblich gesucht wurden. Einzig unter Laborbedingungen und bei Albinohasen wollten sie sich zeigen. Die Annahme der Existenz von Optogrammen hat weiterhin eine wahrnehmungsgeschichtliche Pointe: Sie steht in signifikantem Konflikt mit der in der zweiten Hälfte des 19. Jahrhunderts mit aller Macht einsetzenden Erkenntnis der physiologischen Forschung, dass sich die Wahrnehmung keineswegs als Projektion eines Außenraums (der wahrgenommenen Welt) in einen Innenraum (den des Auges) bestimmen lässt. An die Stelle einer mathematisch konstruierbaren Entsprechung tritt vielmehr eine neuronale Vernetzung, durch die die »Empfindungsaggregate«, so der Begriff von Hermann von Helmholtz, überhaupt erst interpretierbar werden. Der »neuronale Mensch«, von dem nun die Rede ist, nimmt seine Umwelt nicht dadurch wahr, dass Reiz-Reaktions-Ketten kalkulierbar und mathematisch rekonstruierbar ablaufen, sondern durch sein Vermögen, Zeichensysteme zu deuten und hierfür Interpretations- und Navigationsregeln auszubilden. Mit anderen Worten: Die Entsprechung von Camera obscura und Auge ist Mitte des 19. Jahrhunderts ein Altbestand medizinischen Wissens, das angesichts des bereits skizzierten Forschungsstands in der zweiten Hälfte des 19. Jahrhunderts nur noch den ophtalmologischen Vorraum der Wahrnehmung, nicht aber ihr eigentliches neurophysiologisches Zustandekommen beschreiben kann. Die Optogramme sind Sinnbilder einer überkommenen Ordnung der Dinge, die gleichwohl die damalige Forschung höchst produktiv heimsuchen und zu allerlei Experimenten und Theorien führen, die nicht zuletzt die Entdeckung des Sehpurpurs mit sich bringen, welche bei der Erklärung der Farbwahrnehmung maßgeblich war und noch heute eine unbestrittene Errungenschaft ist. Die tradierte Analogie zwischen Kamera und Auge transportiert ein Phantasma, das visuelle Evidenz verspricht, und sie zeigt zugleich, dass dieser Vergleich Metaphern mobilisiert, die ihrerseits Vorstellungen und auch Forschungen nachhaltig prägen. Diese erweisen sich mitunter als enorm überlebensfähig und existieren selbst dann weiter, wenn sie durch die Forschung längst widerlegt worden sind, ganz ähnlich wie wir es bereits im Spätmittelalter nach dem Umbruch von der Extro- zur Intromissionstheorie beobachtet haben. So auch hier: Während sich in der Mitte des 19. Jahrhunderts die physiologische Forschung anschickt, dem Auge Stück für Stück seinen bis dahin selbstverständlichen Weltbezug zu entziehen, versuchen Annahmen wie jene des Optogramms umgekehrt die Innenwelt des Auges wieder mit der wahrgenommenen Außenwelt zu verknüpfen: Dekonnektion und Rekonnektion sind die beiden auseinanderlaufenden Tendenzen, die zeitgleich zu beobachten sind. Und erneut stellt sich die Frage nach dem Subjekt: Die Erforschung der Optogramme versucht den Schutzraum des Subjekts zu befestigen, indem der Innen- und der Außenraum sorgfältig voneinander getrennt werden. Die Vision der Optogramme entspringt letztlich einer scharfen Trennung von Subjekt und Objekt, die zwar über die Logik der Repräsentation miteinander verbunden sind, aber sie zieht zugleich eine Grenze, hinter der ein anderes Reich beginnt. Die Retina fungiert als trennende Haut zwischen Innen- und Außenwelt, zwischen dem Reich der Erscheinungen und Gegenstände, und jenem der Vorstellungen und neuronalen Prozesse. Optographien zielen darauf ab, die Undurchlässigkeit zwischen diesen beiden Bereichen über eine photographische visuelle Evidenz festzustellen und zu zementieren, während die physiologische Optik eines Hermann von Helmholtz zur gleichen Zeit eine ganz andere, solche Ordnungen verstörende Logik durchzusetzen sucht.

Die Retina trennt somit auch zwei epistemische Felder: Während auf der einen Seite die nun mit aller Macht einsetzende Physiologie das Sichtbare in ein »Aggregat farbiger Flächen im Gesichtsfelde«[103] verwandelt und den neuronalen Prozessen überantwortet, synthetisiert die erhoffte retinale Photographie es auf der anderen Seite wieder zu Bildern, deren Aufgabe es ist, Objektivität zu visualisieren. Das Phantasma Optogramm ist visuelles Emblem dieser Ambivalenz. Es ist ein subjektives Bild, das gleichwohl Objektivität garantieren soll. Betrachtet man Optogramme, so bekommt man nicht zuletzt auch die wahrnehmungsleitenden Überzeugungen in den Blick. Je mehr sich die physiologische Optik als Lehrmeinung durchsetzen sollte, umso verlockender wurde die Aussicht, mit dem Optogramm über ein visuelles Faustpfand zu verfügen, das eine Evidenz der phänomenalen Welt garantierte. Wie sehr dieses eine Phänomen als letzte Bastion eines nahezu überwundenen Sehkonzeptes insbesondere gegenüber Helmholtz persönlich in Stellung gebracht werden konnte, zeigt sich in einer kuriosen Episode: Einer der von der Existenz der Optogramme überzeugten Wissenschaftler wollte mithilfe eines Experiments an toten Albinohasen eine Optographie von Hermann von Helmholtz anfertigen und ihm diese schicken, um Helmholtz von der Theorie zu überzeugen. Dies jedoch scheiterte, da nur Bilder gewonnen werden konnten, auf denen sich der Gelehrte beim besten Willen nicht hätte erkennen können. Das Misslingen des Experiments steht auch am Ende der kurzen, aber intensiven Geschichte der Optographie als Teil der physiologischen Forschung. Es markiert die ›Sollbruchstelle‹ einer Theorie der Wahrnehmung, die sich von der Orientierung an einem Auge und seiner quasi mathematischen Entsprechung mit der Außenwelt auf die Erklärung des binokularen Sehens mit zwei Augen umzustellen hat.

Zu dieser knappen Geschichte des doppelten Auges gehören noch einige weitere Elemente: Wir haben gesehen, dass die Erfindung des Stereoskops, die bereits vor jener der Photographie erfolgte, maßgeblichen Anteil an der Neujustierung der physiologischen Optik hatte. Nun war die Stereoskopie eines der ersten Massenmedien technischer Bilder überhaupt und überschwemmte im 19. Jahrhundert den Markt mit Bildern aus aller Welt. Auf der einen Seite diente sie dazu, den konstitutiven Anteil des Subjekts beim Wahrnehmungsvorgang herauszupräparieren, auf der anderen Seite wurde aber eben dieses Subjekt zum Ziel einer regelrechten Bildindustrie, die paradoxerweise auf den ›Realitätseffekt‹ der Stereophotos setzte. Der amerikanische Schriftsteller und Essayist Oliver Wendell Holmes hat die Konsequenzen dieses Effekts in schlagender Weise auf die Spitze getrieben: So verfasste er einen Text, in dem er eine vermeintlich reale Reise unternimmt, dabei aber einzig und allein in seinem Sessel sitzt und Stereophotos betrachtet. Sie erscheinen ihm dabei so vollkommen und nachgerade physisch präsent, dass er die absurde Auffassung vertritt, die Pyramiden von Gizeh könnten, wenn hinreichend Bilder vorhanden wären, abgetragen oder zerstört werden, da sie ja bereits »physisch« archiviert vorhanden seien.[104]

Zugespitzt und theoretisch abstrakter könnte man diese doppelte Bewegung als gleichzeitige Subjektkonstitution und Subjektivierung im Sinne dessen, was Michel Foucault als »Gouvernementalisierung« bezeichnet hat, beschreiben. Darauf gehen wir im Kapitel über das beobachtende und das beobachtete Auge noch genauer ein. Auf der einen Seite erweist sich das Subjekt als der entscheidende Faktor der Wahrnehmung, auf der anderen Seite wird es gerade deshalb auch zum Gegenstand einer massiven Bildproduktion, die darauf zielt, die Wahrnehmungsformen des Subjekts zu prägen, zu bestimmen und ökonomisch zu nutzen. Und noch einmal anders gewendet: Das Subjekt koppelt sich ab von der Welt, mit der es vorher dank der Logik der Repräsentation verbunden war, und taucht ein in einen virtuellen Bildraum, der vorgibt, real zu sein. Die Kunsthistorikerin Linda Hentschel hat die These vertreten, dass Entwicklungen wie die der Camera obscura über die Stereoskopie bis hin zu den Ego-Shootern der zeitgenössischen Computerspiele darin verwandt sind, dass sie sämtlich »Raumpenetrationsmaschinen« sind, die den Raum sexualisieren und mittels der Bilderzeugung auf Unterwerfung zielen. So verstanden erweist sich die *Immersion*, die Erfahrung des Eintauchens in eine Bildwelt, welche Sehmaschinen erzeugen, als Machtstrategie. Daher mag es vielleicht auch nicht überraschen, dass James Camerons Film *Avatar*, der die 3D-Technologie gezielt und massiv technisch wie kommerziell einsetzte, nicht nur auf die Geschichte der Pocahontas rekurriert, bei der es um eine amerikanische Indianerin geht, sondern auch den Konflikt zwischen Natur und Technik/Kultur zum zentralen Gegenstand macht. Mit aufwendigsten technologischen Mitteln soll dem Betrachter eine Natur im wahrsten Sinn des Wortes vor Augen geführt werden, die ihm nicht nur real erscheint, sondern ihn in ihren Bann zieht und visuell überwältigt. Das Verhältnis hat sich gewissermaßen umgekehrt: Während im Beispiel zu Beginn des Kapitels die geometrisch kalkulierbaren Strahlen eine Entsprechung zwischen Subjekt und Objekt, Auge und Gegenstand, garantieren sollten, wird nun das Auge, das Realität zuallererst erzeugt, mit Bildern programmiert. Das doppelte Auge ist eine regelrechte Kampfzone.

Literatur

Peter Bexte, *Blinde Seher. Die Wahrnehmung von Wahrnehmung in der Kunst des 17. Jahrhunderts*, Amsterdam und Dresden 1999.

Jonathan Crary, *Techniken des Betrachters. Sehen und Moderne im 19. Jahrhundert*, Dresden/Basel 1996.

Ders., »Die Modernisierung des Sehens«, in: Herta Wolf (Hg.), *Paradigma Fotografie*, Frankfurt/Main 2002, S. 67-81.

Oliver Grau, *Virtual Art. From Illusion to Immersion*, Cambridge/Mass. 2003.

Linda Hentschel, *Pornotopische Techniken des Betrachtens. Raumwahrnehmung und Geschlechterordnung in visuellen Apparaten der Moderne* (= Studien zur visuellen Kultur 2), Marburg 2001.

Friedrich Kittler, *Optische Medien. Berliner Vorlesung 1999*, Berlin 2002.

Ralph Köhnen, *Das optische Wissen. Mediologische Studien zu einer Geschichte des Sehens*, München 2009.

Jens Schröter, *3D. Zur Theorie, Geschichte und Medienästhetik des technischtransplanen Bildes*, Paderborn 2009.

Bodo von Dewitz und Werner Nekes (Hg.), *Ich sehe was, was Du nicht siehst! Sehmaschinen und Bilderwelten. Die Sammlung Werner Nekes*, Göttingen 2002.

Bernd Stiegler, *Belichtete Augen. Optogramme oder das Versprechen der Retina*, Frankfurt/Main 2011.

Siegfried Zielinski, *Archäologie der Medien. Zur Tiefenzeit des technischen Hörens und Sehens*, Reinbek 2002.

6. Das innere Auge – Selbstbild und Identifikation

Abb 8: Cindy Sherman, *Untitled Film Stills*, #2, 1977

Als Schnittstelle zwischen Individuen und jeder Form von Ideologie oder kulturellen Formationen firmiert – so war im zweiten Kapitel bei Louis Althusser zu lernen – ein psychischer Prozess: die Formierung des Subjekts bzw. der Wunsch nach einer Identität. Identität ist – so eine disziplinübergreifende Einsicht – im 20. Jahrhundert endgültig zu einer problematischen Größe geworden. Postmoderne Identitäten sind »zunehmend fragmentiert und gebrochen« und immer im Wandel.[105] Heute gehört kaum jemand mehr ausschließlich einer Gruppe an, die sein Weltbild, seine Werte und seine Zugehörigkeitsgefühle vollständig bestimmt. Das heißt aber nicht, dass Individuen sich nicht identifizierten, vielmehr sind sie, nicht zuletzt aufgrund der fehlenden Sicherheiten, ständig auf der Suche: Wer bin ich, wer will ich sein, zu welcher Gruppe gehöre ich? Fragen wie diese sind notwendig mit visuellen Aspekten verknüpft, es gibt sogar wirkmächtige Theoreme, die das Visuelle an den Ursprung jeder Ich-Formierung stellen. Auf solche Zusammenhänge macht auch das abgebildete Foto – ein Kunstwerk, ein Theoriebild – mit Nachdruck aufmerksam. Es stammt aus der berühmten Reihe *Untitled Film Stills* der US-amerikanischen Künstlerin Cindy Sherman (dort die Nr. 2, 1977). Diese Werkreihe orientiert sich an kommerziellen Photos, die die Handlung, Gefühle und Atmosphären eines unbekannten Films für potentielle Kinogänger auf den Punkt bringen sollen, um diese ins Kino zu locken. Indem Sherman so fiktive Filme evoziert, die man doch zu kennen glaubt, findet sie, so der Philosoph Arthur Danto, »den Weg in das gemeinsame kulturelle Denken«[106]. Obwohl Sherman die zentralen Frauenfiguren immer selbst darstellt, handle es sich dabei nicht um Selbstportraits, »bestenfalls Portraits einer Identität, die sie mit jeder Frau teilt, die sich eine Vorstellung von der Geschichte ihres Lebens in der Sprache der Billigfilme macht«[107]. Sein Leben nach populärkulturellen Mustern zu denken betrifft aber letztlich fast jeden. Shermans Spiel mit kollektiven Mythen und Stereotypen lenkt die Aufmerksamkeit der Betrachterinnen (ebenso wie der Betrachter) auf ihre wirklichkeitskonstituierende Funktion; eingebaute Irritationsmomente lösen zusätzliche Reflexionsprozesse aus: »Zwischen-Momente, in denen Schwäche, Hässlichkeit oder was auch immer nicht mehr ins Klischee der erwarteten Rolle passen.«[108] Im ausgewählten Beispiel verdichtet sich die Thematik, eher untypisch für den Großteil der *Film Stills*, zu einem pointierten Sinnbild.

Eine junge Frau steht im Bad und betrachtet sich im Spiegel. In ihrem erkennbaren Bemühen, dabei einem bestimmten Bild, das sie im Kopf hat, zu entsprechen, erinnert sie uns daran, dass Subjekte sich immer im ›Spiegel‹ kollektiv vorgeprägter und verinnerlichter Muster formieren. Man mag eine Diskrepanz beobachten zwischen dem isolierten Spiegelbild, das sie visuell unter Kontrolle hat (ihre Haare, das Make-up, ihre Mimik, die Pose der Hand und die Kopfhaltung), und ihrem noch in unfertigem Zustand befindlichen ›Restkörper‹, der notdürftig mit einem Handtuch bedeckt ist und weitaus ›natürlicher‹ wirkt, weil er keine Pose einnimmt. Mehr noch als die unzulängliche Bedeckung ist es dieses partielle Herausfallen aus der visuellen Kontrolle, die dem Bild seinen voyeuristischen Charakter verleiht. Es bleibt eine höchst intime Momentaufnahme, trotz der gelungenen Annäherung an ein ›zeitloses‹ Idealbild im Spiegel. Die Frau hat in ihrer Fixierung auf den Spiegel, auf das Gesicht, keine Gelegenheit, sich auch sonst in Pose zu werfen, nicht zuletzt, weil sie sich ihrer Beobachtung durch uns nicht bewusst ist. (Natürlich sprechen wir in diesem Moment nicht von Cindy Sherman als Darstellerin, die das Spiel der Blicke durch ihre Beherrschung aller beteiligten Positionen dramatisch verkompliziert – es geht uns sozusagen um das, was sie darstellt). Aufgrund der genannten Aspekte wird das Nachahmende, das notwendig Unauthentische aber bereits auf der Ebene der Szene rücksichtslos offenbart. Der angeschnittene Türrahmen und der Aufnahmewinkel unterstreichen die voyeuristischen Implikationen. Das Bild zeigt also, wie eine Frau beobachtet wird, die sich, medial unterstützt, selbst beobachtet und nur innerhalb dieses eingeschränkten Fokus zu der Kontrolle, zu dem Ideal gelangt, das sie anstrebt. Es wird deutlich, dass sie mit einem zu formenden, sich ihr nicht leicht fügenden Rohstoff ›arbeitet‹ – an einem Bild von sich selbst, das sich erst nach einem umfassenden Prozess einstellt. Es ist noch im Zustand der Herstellung.

Diese Situation lässt sich auf mindestens drei Ebenen lesen: Zunächst hinsichtlich der Frage nach der Subjektformierung überhaupt, einer psychoanalytischen Ebene also, bei der der Blick des Betrachters demjenigen des Analysierenden entspricht, der normalerweise nicht bemerkte Prozesse herausarbeitet. Zweitens auf der Ebene eines weiblichen Arbeitens an der Übereinstimmung mit Gendernormen bzw. wohl sogar dezidiert sexualisierten Idealbildern der Pin-up- und Filmindustrie. Sexy Pose, Make-up, blondiertes Haar dienen dazu, aus einem normalen Mädchen eine zweite Marilyn zu machen, um Erwartungen zu erfüllen, Anerkennung zu erfahren, geliebt zu werden. Der Betrachter wird zum Voyeur, der auf eine geradezu grausame Weise dieses Bemühen ausspäht. Die dritte Ebene eröffnet sich, wenn man berücksichtigt, dass Cindy Sherman bis heute konsequent mit sich selbst als Medium ihrer photographischen Inszenierungen arbeitet. Der Vorgang spiegelt also recht detailliert ihre konkrete künstlerische Arbeit, der betrachtende Blick besetzt sozusagen imaginär eine ihrer beiden Positionen, nämlich die der Photographin. Gleichzeitig macht diese Einsicht ihre ganze künstlerische Praxis zum symbolischen Nachvollzug der beiden anderen Ebenen: Exemplarisch erarbeitet sie aus sich ein Bild, dessen Muster anderswo bereits vorgeprägt sind. Natürlich hat man diese Tätigkeit insbesondere mit den »Identitätszwangsjacken«[109], den gesellschaftlich verordneten Maskeraden der Frau verbunden, Sherman als feministische Künstlerin verstanden. Diese jedoch lässt sich ungern theoretisch vereinnahmen bzw. eingrenzen, wie auch ihr Werk – so zeigte ja schon unsere kurze Analyse eines Bildes – auf mehreren Ebenen lesbar bleibt.

Das (selbstverständlich unausgeschöpfte) Beispiel verdeutlicht, wie sinnbildlich der prüfende Blick in den Spiegel für den Komplex der willentlichen Angleichung an ein Wunschbild steht. Im Zentrum der menschlichen Subjektbildung, ein vermeintlich individuell und ›natürlich‹ sich vollziehender Vorgang, nistet stets ein vorgängiges Bild, ein Ideal, das von anderswo stammt, also kulturell geprägt, bereits »vor-gesehen« ist.[110] Die Natur des Menschen ist geradezu sein (überlebensnotwendiger) Zwang zur Kultur, so argumentieren viele Anthropologen. Hinsichtlich der Subjektformierung könnte man hinzufügen, dass niemand ohne die anderen ein ›Selbst‹ sein kann. Der vermeintlich subjektivste aller Prozesse ist stets auf Sozialität angewiesen, auf vorgängige Idealbilder wie auf den verinnerlichten Blick bzw. die Anerkennung der anderen.

Die psychoanalytische Theorie von Jacques Lacan legt einen ganz besonderen Fokus auf die Rolle der Einbindung in eine symbolische Ordnung (also in die Gesellschaft, die Kultur) sowie auf bestimmte visuelle Aspekte, weshalb Versatzstücke daraus in Zusammenhängen wie unserem häufig herangezogen werden. Deren Isolierung lässt sich im Blick auf Lacans komplexes Denken leicht als problematisch kritisieren.[111] Da es sich um einen notorisch schwer lesbaren Autor handelt, der auf die Listen des Unbewussten in programmatischer Weise auch in seiner Verweigerung einer allzu rationalen Darstellung reagiert und ein komplexes, kaum umfänglich referierbares System sich gegenseitig bedingender und erklärender Faktoren entwickelt hat, sind gewisse Verkürzungen unvermeidlich. Gleichwohl sei versucht, ein zentrales Theorem, seine Ausführungen zum »Spiegelstadium«, so einfach und verständlich wie möglich darzustellen, weil gerade dieser Aspekt im Diskurs über visuelle Kultur und Subjektformierung immer wieder herangezogen wird.

In seinem frühen Text »Das Spiegelstadium als Bildner der Ich-Funktion, wie sie uns in der psychoanalytischen Erfahrung erscheint« (1949) beschreibt Lacan den Zusammenhang zwischen einem Moment, in dem sich das Kleinkind erstmals im Spiegel erkennt, und »einer wahnhaften Identität, deren starre Strukturen die ganze mentale Entwicklung des Subjekts bestimmen werden«[112]. Ausgangspunkt ist also der Moment, in dem ein Kind zwischen sechs und achtzehn Monaten sich erstmals vollständig im Spiegel erkennt und »ein imaginäres Bild von der Gestalt seines Körpers«[113] entwirft. Für Lacan ist das eine gleichermaßen sinnbildliche wie weichenstellende Situation. Nicht alles, was an psychischen Prozessen mit dem Theorem des »Spiegelstadiums« aufgerufen ist, vollzieht sich zwingend wirklich in einem Moment und nur angesichts des Spiegelbildes.[114] Wesentlich ist jedoch, dass im Vorgang der Identifikation mit dem Bild eines komplett nach außen abgegrenzten und handlungsfähigen Körpers ein Moment der *Verkennung* liegt, eine die tatsächliche psychische und motorische Situation des Kindes übersteigende Zuschreibung von Einheit und Handlungspotenz. Während das Kind bis dato noch nicht völlig motorisch kontrolliert handeln kann und auch in seinem Empfinden und Wahrnehmen noch nicht gänzlich von der Mutter abgelöst ist, die noch verschiedene seiner Körperfunktionen und Emotionen mit steuert, erscheint ihm das Bild im Spiegel als »Ideal-Ich«. So gewinnt es in der »Spiegel-Imago« einen Garanten »jener Einheit und Dauerhaftigkeit, jener Präsenz und Omnipotenz [...], die seine körperliche Existenz ihm noch nicht verleihen kann«[115]. Psychologisch gesprochen vollzieht sich also der »erste Moment der Beziehungsaufnahme mit einem ganzheitlichen Ich auf fundamental narzißtischer Ebene«[116]. Narziss war im Mythos der Knabe, der sich in sein eigenes Spiegelbild verliebte, und als er dies erkannte, an der Unmöglichkeit seines Begehrens verzweifelte. Eine vergleichbare Dimension des ungestillten Begehrens gründet im Spiegelstadium darin, dass das gewonnene Bild und die leibliche Selbsterfahrung notwendig auseinanderklaffen. Was Identität verbürgt, trägt zugleich immer die Züge des Unerreichbaren. In der Notwendigkeit, sich selbst durch ein externes Bild modellieren zu müssen, ist ein Moment fortdauernder Entfremdung angelegt.

»Ohne Vorbild kein Selbstbild.«[117] Das ist eine Erfahrung, die jeder, der sich an die Stelle der jungen Frau im Bad von Cindy Sherman versetzt, auch im Alltag von Erwachsenen verorten kann. Der Rekurs auf die kindliche Situation bietet also ein theoretisches Muster (und, wenn man von einer steten Fortwirkung dieser ersten umwegigen Selbstsetzung ausgeht, auch eine Ursache) für das lebenslange Problem des »Eins-sein-Wollens mit sich selbst als einem anderen«[118]. Dieses Verhältnis nennt Lacan *imaginär* und unterscheidet das in dieser Spiegelkonfiguration konstruierte Ich (»moi«) vom weitgehend unverfügbaren unbewussten »je«-Ich. Das rein imaginäre Ich verändert sich jedoch in Lacans Vorstellung der Kindesentwicklung noch einmal, wenn die »symbolische Ordnung« der Sprache, gebunden an die Figur des Vaters, als weitere Größe Einfluss gewinnt. Später, und das ist für unser Thema entscheidend, treten andere Menschen bzw. kollektive Idealbilder in die etablierte Spiegellogik der Identifikation ein. Noch »vor jeder gesellschaftlichen Determinierung« ist jedoch schon »die Instanz des *Ich* (*moi*) auf einer fiktiven Linie situiert«[119]. So lässt sich nach dem prägenden Muster des Spiegelstadiums jede Form späterer Identifikation auf das Ziel eines Vollkommenheits- bzw. Einheitsgefühls zurückführen. »Die reale Zerrissenheit kaschierend, tendiert das Subjekt zunehmend dazu, sich auf der Ebene des Imaginären zu situieren, um sich qua kollektiver Identifikation an einem Ideal, Idol bzw. einer Ideologie zu stabilisieren, die seinem Mangel an Sein entgegenkommt.«[120] Spätestens an diesem Punkt der Überlegung wird deutlich, wie nahe sich

Althussers Konzept der ideologischen Subjektanrufung (vgl. Kapitel zwei) und Lacans Spiegelstadium stehen.[121]

Auch wenn Lacans Vokabular und seine zeitweilige Polarisierung zwischen (vorsprachlicher) Visualität und symbolischer Sprachordnung uns nicht dazu verleiten sollten, »das Imaginäre« prinzipiell mit der visuellen Sphäre gleichzusetzen, so haben wir es doch mit hilfreichen Theoremen zu tun, wenn es darum geht, die enormen psychischen Kräfte, die gerade im Zusammenspiel zwischen Visualität und Identifikationsprozessen wirken, besser zu verstehen. Vor dem Hintergrund eines Begehrens nach Vervollständigung, das ab einem bestimmten Zeitpunkt der Trennung von der ursprünglich symbiotisch erfahrenen Mutter notwendig zu wirken beginnt, machen die skizzierten Dynamiken begreiflich, weshalb Vor-Bilder für Subjekte derart starke und irrationale Wirkungen entfalten. Nicht immer nur positive übrigens, denn die Gefühle gegenüber dem per se uneinholbaren Selbstbild bleiben stets ambivalent.

Nicht zuletzt weil Lacan die Rolle des Visuellen im Imaginären als dem Bereich, in dem Identifikationen stattfinden, so hervorhebt, wurde er auch besonders interessant für die Filmtheorie, ja »es handelt sich um eine zentrale Idee für die Filmtheorie einer ganzen Epoche«[122]. So hat etwa der einflussreiche französische Filmsemiotiker Christian Metz das filmische Zeichen im Lacan'schen Sinne als ›imaginär‹ klassifiziert – mithin als eines, das dieselben Identifikationsdynamiken bedient wie das frühkindliche Spiegelbild.[123] Im Anschluss daran und unter Einbezug ideologiekritischer Aspekte entwickelte Jean-Louis Baudry in den 1970er Jahren sein Konzept vom »Dispositiv« Kino (auch »Apparatus«-Theorie). Die Situation der Zuschauer im Kino ähnelt demnach jener der Gefangenen in Platons Höhlengleichnis, sie sind bewegungslos und den Bildern ohne Gelegenheit zur Hinterfragung ausgeliefert. In einer narzisstischen Regression gelangt der

Betrachter in eine Situation, »in der die Grenzen des eigenen Körpers und der Außenwelt nicht genau festgelegt sind«[124]. Im Rückgriff auf das Spiegelstadium Lacans wird so das Kinoerlebnis als Imitation frühkindlicher Subjektformation verstanden. Die psychoanalytisch geschulte Verschiebung der Aufmerksamkeit von den Inhalten des Kinos auf seine spezifischen Wahrnehmungsbedingungen war auch grundlegend für die feministische Blickkritik des Kinos, die vor allem von Laura Mulveys Aufsatz »Visual Pleasure and Narrative Cinema« (1975) ihren Ausgang nahm.[125] Ihre psychoanalytisch begründete Engführung des Kamerablicks im klassischen Hollywoodkino mit dem Blick des Mannes auf ein stillgestelltes weibliches (Fetisch-)Objekt oder aber auf einen handelnden, zur Identifikation geeigneten Mann wurde ebenso wie bestimmte Derivate gerne auch auf Shermans Bilder angewendet.[126] Ohne Zweifel handelt es sich dabei um einen revolutionären theoretischen Zugang zu einem zentralen Bereich kultureller Normierung, der Einschreibung von Gender – also sozial konstruierten Geschlechtsmerkmalen – in ein Individuum. Über die Filmtheorie hinaus stellt es eine höchst aufschlussreiche Frage dar, wie bestimmte (apparativ oder sonstwie vorgegebene) Weisen des Blicks Einfluss auf Geschlechterkonstruktionen bzw. kollektive Identifikationsmöglichkeiten nehmen. Ebenso lässt sich nach vergleichbaren Dynamiken im Hinblick etwa auf die Kategorien *race* und Heteronormativität, also eine kulturelle Festschreibung gegengeschlechtlichen Begehrens, fragen: Wo und wie werden etwa ›weiße‹ oder alternativlos heterosexuelle Blicke eingeübt? Blickt man auf die Kunstgeschichte, so zeichnet sich auch dort eine jahrhundertealte Tendenz ab, aktives Blicken als männlich zu codieren, Frauen hingegen zu Objekten des Blicks zu machen. Die Kunsthistorikerin Linda Hentschel hat in einer weiteren Verschiebung der Problemstellung schließlich auf die seit der Zentralperspektive wirkende apparative Überblendung von Räumen und weiblichen Körpern für die männliche Schaulust aufmerksam gemacht: »Visuelle Apparate stellen nicht nur den Bildstatus des Weiblichen aktiv her, sondern investieren mit einer ebensolchen Macht in den Geschlechtsstatus des Räumlichen.«[127]

Abschließend soll die für alle kulturellen Dimensionen der Subjektformierung entscheidende Logik des verinnerlichten Blicks anderer etwas genauer ausgeleuchtet werden. Auch hier zeigen sich bestimmte mediale Implikationen. Setzen wir noch einmal beim Spiegelstadium an: Dort lernt das Kind natürlich auch, wie es von anderen gesehen wird. Bleibt man nicht dem konkreten Spiegelerlebnis als exemplarischer Konstellation verhaftet, so tritt insbesondere das Spiegelverhältnis zur Mutter (oder einer anderen engen Bezugsperson) in den Vordergrund und wird zur ersten Erfahrung einer Objektivation.[128] Wenn das Kind realisiert, dass auch andere es sehen können, beginnt seine Sorge darum, einer Erwartung zu entsprechen; der Blick von außen wird ebenso verinnerlicht wie die damit verknüpften Erwartungen. Hier also, noch vor dem Spracherwerb und dem Eintritt in die symbolische Ordnung der Sprache, tritt die Kultur bereits auf den Plan. In einem bestimmten Zusammenhang meint Lacan mit dem Terminus »Blick« (frz. *regard*, engl. *gaze*) dieses dem Subjekt äußerliche und zugleich verinnerlichte Angeschautwerden: »[I]ch sehe nur von einem Punkt aus, aber in meiner Existenz bin ich erblickt von überall.«[129] Hinsichtlich der weiteren Implikationen dieser Dynamik werden wir der Film- und Kunstwissenschaftlerin Kaja Silverman in ihren auf Lacan aufbauenden Reflexionen folgen, die auch in den angloamerikanischen *Visual Culture Studies* breit rezipiert wurden und dort theoriebildend waren.[130]

Silverman geht davon aus, dass menschliche Subjektivität immer schon im Gespiegeltwerden entstanden ist, dass dabei jedoch mediale Konstellationen bestimmend werden, die einen historischen Index tragen, sich also gewissermaßen bestimmte Leitmedien der verinnerlichten Fremdbeobachtung abzeichnen. Indem sie theoretische Ansätze von Vilém Flusser, Susan Sontag und Roland Barthes heranzieht, betont Silverman die zentrale Rolle, welche die Photographie und die Pose dabei spielen. Wir nehmen die Welt, so Silverman, durch einen imaginären Sucher wahr und wähnen uns umgekehrt immer im Blick einer Kamera. Mit Susan Sontag formuliert: »Wir lernen, uns selbst mit den Augen der Kamera zu sehen; sich für attraktiv halten heißt nichts anderes als zu glauben, daß man auf einem Foto gut aussehen würde.«[131] Das die Zeit stillstellende Photo ermöglicht es in ganz anderem Maße als das bewegliche Bild der Filmkameras, zu einem stabilen Bild unserer selbst zu kommen. Dabei antizipieren wir mehr oder minder fortwährend körperlich eine Aufnahmesituation. Man könnte auch sagen: Heutige Menschen präsentieren sich in Posen, die Photographien und andere Bilder vorgegeben haben. »Die Pose imitiert nicht nur ein schon vorliegendes Bild bzw. eine visuelle Figur, sie imitiert vor allem die Fotografie als solche«,[132] nimmt deren typische ›Mortifikation‹ des lebendigen Körpers vorweg. Cindy Shermans »Film Still« – bezeichnenderweise rekurriert auch sie auf *Standbilder*, obwohl die prägende Rolle von Filmwelten verhandelt wird – ruft diese Rolle der Pose sehr pointiert in Erinnerung. Als Folge des Posierens, so Silverman, verwandelt sich der umgebende Raum zum »Ort«, zur Kulisse sozusagen, und die getragene Kleidung zum Kostüm.

Die Qualität von Cindy Shermans Bildern und von künstlerischen Reflexionen solcher Sachverhalte überhaupt liegt darin, dass sie diese unreflektiert ablaufenden Prozesse explizit machen und vor Augen führen. Sie eröffnen einen weiteren Standort, einen bewussteren Blick ›von außen‹ auf uns selbst, so wie die Kamera in dem eingangs beschriebenen Beispiel den Blick in den

Spiegel fest- und ausstellt. Alle in Shermans Bildern beobachtbaren Momente der Irritation, wie hier der jenseits des Spiegels liegende ›Rest‹ bei der Anpassung an ein kulturelles Ideal, tragen zu einer Bewusstwerdung bzw. Hinterfragung der Zusammenhänge durch den Betrachter bei. Die Frau geht nicht vollständig in der Pose auf, ihr imaginäres Ich befindet sich in offensichtlicher Weise jenseits ihres Körpers, im Spiegel, der hier also eine kaum hintergehbare Umstellung des Subjekts durch kulturelle Bildformeln und Normen, ein richtiggehendes *Spiegelkabinett*, vertritt. Für diese aus Bildrepertoires bestehende Schnittstelle zwischen Individuum und Kultur verwendet Silverman wiederum einen Begriff Lacans, der bei diesem jedoch etwas unbestimmter angelegt ist: der (Bild-)Schirm (frz. *écran*, engl. *screen*). Er bezeichnet bei Lacan eine Art Matrix des Verstehens mit durchaus auch verstellendem Charakter und ist z.B. auch innerhalb therapeutischer Szenarien von Relevanz.[133] Bleiben wir jedoch bei der spezifischen Zurichtung des Schirmbegriffs als ›kulturelles Bildrepertoire‹, wie ihn Silverman verwendet. Sie gibt dem Konzept eine »weitere Wendung«, indem sie die Kamera »als primären Bildschirm« definiert und so ihre Engführung von verinnerlichtem ›Photographiertwerden‹ mit Lacans Konzepten unterstreicht.[134] Bei diesem angelegte Momente eines möglichen Spiels im Bewusstsein des Schirms schränkt sie, vor allem im Blick auf die erhoffte Anerkennung, stark ein. »Die Pose muß [...] als fotografische Prägung des Körpers verstanden werden, derer sich das Subjekt nicht unbedingt bewußt ist: Sie kann das Resultat eines Bildes sein, das so oft auf den Körper projiziert worden ist, daß das Subjekt beginnt, sich sowohl psychisch wie auch körperlich mit ihm zu identifizieren.«[135]

Shermans *Untitled Film Stills* nun verdeutlichen für Silverman, »daß sich ein Subjekt nur über ein Bild zu erkennen geben kann, das dem Fundus kulturell verfügbarer Bilder [screen] entstammt, und daß es sich fast immer die attraktivsten und gesellschaftlich anerkanntesten Bilder aus diesem Fundus heraussucht«[136]. Bestimmte Details, wie in unserem Falle der weniger ideal in Szene gesetzte Körper, markieren dieses Bemühen bzw. verdeutlichen sein Scheitern. So wird nach Silverman der Betrachter auf eine Einsicht in das Wirken des Schirms verpflichtet, einschließlich der (Selbst-)Erkenntnis, dass weniger irgendein Bild als vielmehr man selbst Träger dieser Normen ist. Bestimmte Muster aus dem Pool des kollektiv Verfügbaren, also dem Schirm im zugespitzten Sinne Silvermans, werden besonders häufig bedient und setzen somit kollektive Normen, sie stellen das anfangs bereits genannte »Vor-gesehene« dar. Wenige zentrale Merkmale führen so bereits zum Wiedererkennen und reflexhaften Bewerten bestimmter Typen.

Als Ausweg aus diesem Dilemma sieht Silverman – über das Bewusstmachen vermittels künstlerischer Interventionen wie jener Shermans hinaus – die ebenfalls durch Kunstwerke eröffnete Chance einer nachträglichen »abweichenden Sichtweise«[137]. Die Wertschätzung, die Sherman den von ihr selbst verkörperten Wesen auf subtile Art und Weise trotz der vorgeführten »narzißtischen Ambitionen« angedeihen lässt, könnte zu einer Art solidarischer Identifikation mit den Unperfekten und letztlich, bei entsprechender Verbreitung solcher Lektüren, zu einer Neukonfigurierung des Schirms führen, »wobei bislang unbeleuchtete Teile in den Vordergrund rücken und diejenigen, die heute als normative Darstellungen auftreten, abgedunkelt werden«[138]. Ziel wäre also eine auf diese Weise hervorgebrachte neue Pluralität von möglichst komplexen Vor-Bildern im kulturellen Repertoire. Leider ist zu vermuten, dass die Ausführungen zur Wirkung des Schirms und der normativen Stereotype letztlich die wesentlicheren Beiträge Silvermans sind, verglichen mit der Hoffnung auf eine die gesellschaftlichen Bildmuster umstrukturierende Wirkung von Kunst. Und doch ist damit ein wesentliches Problem in der Analyse visueller Kulturen benannt: Wie weit kann eine Einsicht in bestimmte Dynamiken, sei sie jetzt wissenschaftlich oder künstlerisch hervorgebracht, zu einer Veränderung eingeschliffener Ideologien und weitgehend unbewusst sich vollziehender Prozesse beitragen? Wie könnte eine »Ethik im Feld des Visuellen« – so versteht Silverman ihr Projekt[139] – beschaffen sein? Wir werden diese Frage im Kapitel zum konsumierenden Auge unter dezidiert ideologiekritischen Vorzeichen wieder aufnehmen.

Literatur

Jean-Louis Baudry, »Das Dispositiv: Metapsychologische Betrachtungen eines Realitätseindrucks«, in: Claus Pias u.a. (Hg.), *Kursbuch Medienkultur. Die maßgeblichen Theorien von Brecht bis Baudrillard*, 5. Aufl., Stuttgart 2004, S. 381-404.

Claudia Blümle und Anne von der Heiden (Hg.), *Blickzähmung und Augentäuschung. Zu Jacques Lacans Bildtheorie*, Berlin 2005.

Mikkel Borch-Jacobsen, *Lacan*, München 1999.

Thomas Elsaesser und Malte Hagener, *Filmtheorie zur Einführung*, Hamburg 2007.

Jacques Lacan, »Das Spiegelstadium als Bildner der Ich-Funktion, wie sie uns in der psychoanalytischen Erfahrung erscheint«, in: ders., *Schriften I*, Frankfurt/Main 1975, S. 61-70.

Nicholas Mirzoeff (Hg.), *Visual Culture Reader*, London und New York 1998, darin: »Part Five: Gender and Sexuality«, S. 391-480.

Laura Mulvey, »Visual Pleasure and Narrative Cinema«, in: dies., *Visual and Other Pleasures*, Bloomington und Indianapolis 1989, S. 14-26; dt. in: Liliane Weissberg (Hg.), *Weiblichkeit als Maskerade*, Frankfurt/Main 1994, S. 48-64.

Gerda Pagel, *Jacques Lacan zur Einführung*, 5. Aufl., Hamburg 2007.

Kaja Silverman, *The Subject of Semiotics*, Oxford 1983.

Dies., *The Threshold of the Visible World*, New York und London 1996, einschlägige Auszüge auf Deutsch in: dies., »Dem Blickregime begegnen«, in: Christian Kravagna (Hg.), *Privileg Blick. Kritik der visuellen Kultur*, Berlin 1997, S. 41-64.

Slavoj Žižek, *Lacan. Eine Einführung*, Frankfurt/Main 2008.

7. Das beobachtende Auge – vom Panoptismus zu CCTV

Abb. 9: Filmplakat von CCC Film zu Fritz Lang,
Die 1000 Augen des Dr. Mabuse, BRD 1960

Fritz Langs Film *Die 1000 Augen des Dr. Mabuse* aus dem Jahr 1960, der mit diesem Plakat beworben wurde, Tony Scotts *Der Staatsfeind Nr. 1* von 1998 und die mehr als zehn Staffeln von *Big Brother* haben eines gemeinsam: Ihr zentrales Thema ist die Überwachung. Während es im späten Mabuse-Film noch ein Hotel der Nazizeit ist, in dem Kameras installiert wurden, sind es bei dem amerikanischen Blockbuster mit Will Smith und Gene Hackman bereits komplexe Computernetzwerke, die es machtbesessenen und korrupten Politikern gestatten, Ortungsinformationen mit diversen Datenbanken so zu vernetzen, dass für die Verfolgung des selbstverständlich unschuldigen Protagonisten Grundrisse, Fahrpläne und auch Telefonlokalisierungen sowie Kreditkarteninformationen verfügbar sind. In den *Big-Brother*-Staffeln hingegen wird ein mediales Dispositiv inszeniert, das den Zuschauer in die Rolle eines Beobachters versetzt, der mittels vorgegebener Einstellungen und Ausschnitte Einblicke in das Containerleben hat. Man kann es über einen bestimmten Zeitraum Tag für Tag verfolgen und wird dabei zugleich zu einer aktiv-passiven Beteiligung aufgefordert, indem man über den Verbleib der Einwohner per Abstimmung mitentscheiden kann. Diese drei Beispiele sind nur einige wenige in einer Fülle weiterer, die von *Panic Room* und *Minority Report*, von *Das Leben der Anderen* bis zu *Die Truman Show* und schließlich *The Duellists* reichen, einem Film, der ausschließlich aus Mitschnitten der 160 installierten Kameras des Manchester Arndale Shopping Centre besteht.[140] Einer ähnlichen Idee folgt der einstündige Film *Faceless* von Manu Luksch, die einzig auf die per Gesetz öffentlich verfügbaren Mitschnitte von Überwachungskameras zurückgriff, auf denen sie selbst zu sehen ist.[141] Und wenn man abends einen Krimi im Fernsehen ansieht, so werden die Ermittler nicht selten auf CCTV-, sprich Videoüberwachungsaufnahmen zurückgreifen – in der Werbepause wird dann für ein sicheres videoüberwachtes Haus und Familienglück geworben. Die Beispiele aus der U-Kultur machen deutlich, dass das Themenspektrum des gesellschaftlichen Phänomens der Videoüberwachung, das mit dem Akronym für »Close Circuit Television« als CCTV bezeichnet wird, von der bedrohlichen Vision eines umfassenden Überwachungsstaats, das in George Orwells legendärem Buch *1984* seine wirkmächtige fiktionale Gestalt gewonnen hat, bis hin zur unterhaltungsindustriellen Übernahme des Romanmotivs »Big Brother« im Bereich des Reality-TV reicht – mithin also von der Gefährdung der Privatsphäre bis hin zu ihrem Schutz. Auf der einen Seite steht eine dystopische bzw. anti-utopische Vision, auf der anderen eine serielle Fernsehunterhaltung, die eine gesellschaftsdiagnostische Funktion kaum wird beanspruchen können. Öffentliche Kontrolle via CCTV und ihre Popularisierung durch die Unterhaltungsindustrie gehen offenkundig Hand in Hand, und es scheint so, als übe das Fernsehen in Wahrnehmungsformen ein, die in anderer Weise auch CCTV als Programm vorgegeben hat.

Bei sämtlichen Beispielen wird weiterhin deutlich, warum CCTV ein in den Analysen zeitgenössischer visueller Kultur oft auftauchendes Beispiel ist: Hier geht es nicht um einzelne Bilder und auch nicht um ein Einzelmedium, sondern um komplexe Dispositive, die nicht nur eine schwierig zu beschreibende Beziehung zwischen Beobachter und Beobachtendem, zwischen privatem und öffentlichen Raum, sondern auch gesellschaftliche Fragen notwendig mit einschließen. CCTV ist eine dezidiert gesellschaftliche Bild-, Medien- und Wahrnehmungspraxis, die bei genauerer Analyse auch ein Bild der Gesellschaft und des Individuums offenbart. Wir haben es hier mit einer Form der Visualität zu tun, die Fragen der visuellen Interaktion in der Gesellschaft, aber auch der Subjektivität bzw. Individualität aufwirft.

Fünf Fragen sind hier zentral:

– Ist CCTV Zeichen einer veränderten Gesellschaft?
– Wie ist die Korrelation zwischen Beobachter und Beobachtetem zu bestimmen?
– In welcher Weise lässt sich das Verhältnis von privatem und öffentlichem Raum in der Perspektive von CCTV beschreiben?

- Schließt Überwachung auch Fragen der Subjektivität und Individualität mit ein?
- Und schließlich (und vielleicht etwas überraschend): Hat CCTV auch etwas mit Verschwörungstheorien zu tun?

Um CCTV als Indikator gesellschaftlicher Veränderungen angemessen beschreiben zu können, muss man zunächst die Geschichte dieses Überwachungsmediums knapp Revue passieren lassen. Wie viele Medientechniken hat auch die Videoüberwachung ihren Ursprung in militärischen Kontexten. Die erste Anlage diente zur Überwachung des Starts der A4-Raketen in Peenemünde, und auch später fand sie im Bereich der Hochtechnologie Anwendung, um etwa den Flug von Düsenjets, Raumschiffen und Drohnen analysieren zu können oder in Kernkraftwerken Einblick in schwer zugängliche Bereiche zu ermöglichen. In den meisten Flugzeugen können heute die Passagiere selbst zwischen einigen Ansichten wählen, die die Bordkameras zur Verfügung stellen. Dass aber auch hier kriegsrelevante Funktionen wichtig sind, hat nicht zuletzt die Berichterstattung über die Operation *Desert Storm* des Zweiten Golfkriegs gezeigt, als Teile der Aufnahmen in inszenierter Echtzeit auch Bilder aus der Perspektive der Raketen für den ›Fernsehkrieg‹ oder solche aus den amerikanischen Flugzeugen waren. Videoüberwachung von Raketen wird zur Informationspolitik.

Im öffentlichen Raum wurde CCTV erstmals in den 1960er Jahren eingesetzt, gewann aber erst in den 1990er Jahren massiv an Bedeutung. Zwar wurde bereits 1973 eine Anlage auf dem Times Square in New York installiert, flächendeckend wurde der Stadtraum aber erst viel später mit Videokameras überwacht. 1998 waren in New York City dreitausend Systeme im Einsatz. 2005 wurden für einzelne Bereiche Erhebungen vorgenommen, die in etwa fünf Mal mehr Kameras identifizierten als sieben Jahre zuvor.[142] Seitdem ist die Zahl weiter gestiegen. Insbesondere nach den Attentaten des 11. September 2001 kam es zu einem massiven Ausbau der CCTV-Installationen im öffentlichen Raum. Dieser Konnex zwischen Terror und Überwachung findet sich auch in Großbritannien, wo man nach IRA-Anschlägen im großen Stil auf CCTV setzte. Heute ist Großbritannien das Land mit der höchsten Dichte. Es sind etwa vier Millionen Kameras installiert; allein in London sind es etwa 500 000. Im Schnitt wird jeder Bewohner Englands pro Tag etwa dreihundert Mal von Kameras erfasst. CCTV-Technik wird mittlerweile auch für die Mauterhebung auf Autobahnen, als private Sicherung von Häusern, Wohnungen und Geschäften, als Webcam für Berge, Pisten und Skigebiete oder für die Abfertigung von Zügen eingesetzt, um nur einige Anwendungsfelder zu nennen. Das mediale Dispositiv ist im Laufe der Jahre komplexer geworden: Während die einfachste Form nur aus dem geschlossenen Kreislauf von Kamera und Monitor besteht, kommt erst der Videorecorder und später die Datenbank samt ihren Möglichkeiten der Vernetzung hinzu, was die Etablierung eines regelrechten Überwachungsnetzwerks mit Archivfunktion gestattet. Weiterhin ist mittlerweile dank algorithmenbasierter Verfahren auch eine qualitative Auswertung der Bilddaten grundsätzlich technisch in sehr weitreichender Weise möglich und so etwa der Weg eines Menschen in der Großstadt oder der eines Lkw im ganzen Land theoretisch verfolg- und rekonstruierbar. Dass dies nicht überall geschieht, ist letztlich vor allem den Datenschutzbeauftragten und den Gesetzen zu verdanken, die sehr unterschiedliche Vorgaben bzw. Einschränkungen vorsehen.

Die im englischsprachigen Bereich fest etablierten *Surveillance Studies* haben diese Entwicklung als Zeichen eines gesellschaftlichen Wandels gedeutet: Zu beobachten sei der *shift* von einer Risiko- hin zu einer Sicherheits- und Kontrollgesellschaft, die statt auf die Inkaufnahme gewisser Risiken (die nach Ulrich Becks berühmtem Buch *Die Risikogesellschaft* von ökonomischen Faktoren über Arbeitslosigkeit bis hin zu ökologischen Fragen reichen) auf Prävention und Überwachung setzt. Die Einrichtung und Verbreitung der CCTV-Technik diene daher weniger einer Identifikation möglicher Täter bzw. devianter Personen im Nachhinein als vielmehr ihrer vorzeitigen Erkennung und der präventiven Verhinderung abweichenden oder kriminellen Verhaltens. CCTV ist in diesem Sinne eine visuelle Praxis der Normalisierung, da es darauf ankommt, ›auffällige‹ Personen auszumachen und in den überwachenden Blick zu nehmen. Für all die anderen gilt der Imperativ, sich normkonform zu verhalten und nicht ›auffällig‹ zu werden. Zu wissen, dass man beobachtet wird, soll auf Seiten der Beobachteten bereits das Verhalten beeinflussen, während auf der Seite der Beobachter die Datensammlung ein Herausfiltern ›verdächtiger‹ Personen oder Ereignisse ermöglicht, bevor eventuelle Katastrophen eintreten. In Chicago wurden etwa die CCTV-Kameras so miteinander verschaltet und mit einem Programm zur Datenanaylse unterlegt, dass eine ziellos umherlaufende Person automatisch identifiziert und auf einem speziellen Monitor angezeigt werden kann. CCTV als »soziotechnische Maßnahme«[143] zielt auf eine Habitusveränderung der beobachteten Subjekte und auf eine parzellierte Zerlegung des Raums in individualisierte Daten, die analysierbar sind. CCTV setzt auf direkte und indirekte Subjektkontrolle.

Gleichwohl ist der Erfolg des umfänglichen Kameraeinsatzes umstritten. Während für einzelne Bereiche, wie etwa die Überwachung von Parkplätzen, ein Rückgang der Kriminalität zu verzeichnen war, gilt das für das Gros der beobachteten Objekte nicht. CCTV ist mit massiven Veränderungen des urbanen Raums verbunden, mit deren Dynamik es aber mitunter offenkundig nicht Schritt halten konnte. Hinsichtlich der datentechnischen

Nutzung der aufgezeichneten Bilder wiederum ist zu vermerken, dass in aller Regel die verschiedenen Aufnahmen von niemandem beobachtet werden, sondern einzig in einem Kontrollraum zusammenlaufen und dort über die Monitore flimmern. So scheint CCTV also vielmehr auf den Beobachteten zu zielen, der sich aufgrund des deutlichen Hinweises, dass er beobachtet wird, und der zumeist ostentativ sichtbaren Kameras normkonform verhalten soll. CCTV beabsichtigt eine beobachtende Programmierung des Subjekts. Dass es weniger um die konkreten Daten als um das gesamte Überwachungsdispositiv mitsamt seinen kalkulierten Effekten geht, hat der englische Kriminologe Clive Norris mit schlagender Evidenz vor Augen geführt, indem er errechnete, dass sich in einem innerstädtischen CCTV-System mit achtzig Kameras (was einer Kleinstadt oder einer Shopping-Mall entspricht) pro Tag 172 800 000 Bilder (bei 25 Einzelbildern pro Sekunde je Kamera) ansammeln – eine schlicht nicht zu bearbeitende Quantität. Auch bezüglich der Operationalisierbarkeit des Verfahrens für die Kriminologie kommt er zu überaus ernüchternden Schlüssen.[144] Gleichwohl handelt es sich gerade aufgrund dieser offenkundigen Paradoxie um ein höchst bemerkenswertes gesellschaftliches Phänomen: CCTV ist, so Dietmar Kammerer, der eines der besten Bücher zu diesem Thema geschrieben hat, »weniger als Instrument denn als kulturelles Signum unserer Zeit« und weniger als »Praxis [denn] als ein Zustand der Gesellschaft« zu verstehen.[145]

Deutlich anders sieht es jedoch im Bereich der digitalen Datenerhebung und des »Dataveillance« aus, sprich der systematischen Erfassung und Verwendung der hinterlassenen digitalen Spuren. Bilddaten sind nur ein Teilbereich dieses umfassenden Mapping, ein Datenabgleich, der erhebliche und auch für den User sichtbare Konsequenzen hat. Dies zeigen nicht nur die Debatten über die im *social network* Facebook gesammelten Daten, über Google-Streetview und den Datenschutz, sondern auch die

Kaufangebote, die man aufgrund bereits getätigter Einkäufe oder gar nur bestimmter eingegebener Suchbegriffe erhält. Die signifikant veränderte gesellschaftliche Akzeptanz eines solchen Mappings zeigt ein historisches Beispiel: Während die Volkszählung in Deutschland 1987 noch auf massive Kritik in der Öffentlichkeit stieß und sich damals erhebliche Boykottbereitschaft mobilisieren ließ, ist der Widerstand gegen Datensammlungen von Kundeninformationen, *social networks* und öffentlichen Institutionen heute vergleichsweise schwach, auch wenn die Qualität der erhobenen Daten ungleich weiter reicht. Zudem ist zu beobachten, dass vielfach auch unkritisch und ohne Abwägung möglicher Folgen private Bilder ins Netz gestellt werden. Das Internet fungiert als ein Interface zwischen privatem und öffentlichem Raum, dessen Grenzen permeabel sind. Auch das ist ein Gegenstand möglicher Analysen visueller Kultur(en), der hier allerdings nicht weiterverfolgt werden kann.

Hinsichtlich der visuellen Dimensionen von CCTV sind, auch wenn es weder den Einzug des Big Brother in den öffentlichen Raum bedeuten noch als Allheilmittel der Verbrechensprävention zu feiern sein mag, zwei Beobachtungen festzuhalten, die auch die eben benannten Phänomene berühren: Zum einen soll durch CCTV eine besondere Form der Wahrnehmung erzeugt werden, die man als reflexive Selbstbeobachtung bezeichnen könnte. Wir haben die kulturelle Urszene dazu mit dem allumfassenden verinnerlichten göttlichen Blick bereits kennengelernt. Zum anderen arbeitet das System mit einer visuellen Organisationsform des Raums, die sowohl das Verhältnis des privaten zum öffentlichen Bereich als auch die Wahrnehmungsweise von Räumlichkeit insgesamt mit einschließt und die man als strategische Parzellierung bezeichnen könnte.

In den Analysen der *Visual Culture Studies* ist Michel Foucaults berühmtes Modell des Panoptismus, das er in seinem Buch *Über-*

wachen und Strafen Mitte der 1970er Jahre entwickelt hat und auf das wir noch genauer eingehen, die Referenztheorie, die gemeinhin zur Beschreibung und Erklärung dieser Phänomene herangezogen wird. Das kommt nicht von ungefähr, stellt doch die Praxis von CCTV ein Paradebeispiel dessen dar, was Foucault als »Gouvernementalisierung« bezeichnet hat. Foucault geht es dabei um den Entwurf einer neuen Theorie der Macht, der das überkommene Modell der Unterwerfung und Unterdrückung mitsamt ihren Praktiken der Überwachung und Kontrolle ablösen soll. Theoriehistorisch finden sich im Rahmen des marxistischen Machtmodells bereits bei Antonio Gramsci und – wie gesehen – bei Althusser Überlegungen, Macht dynamisch und unter aktiver Einbeziehung der Subjekte zu denken: Subjekte handeln, um überhaupt solche zu sein, nach Althusser freiwillig im Sinne einer Ideologie, nicht weil sie von isolierbaren Instanzen gezielt getäuscht oder gar gezwungen werden. Foucault denkt nun entsprechend das Subjekt als Teil einer Macht, die nicht verbietend, sondern produktiv, nicht verhindernd, sondern stimulierend auftritt. Er spricht von Dispositiven, von einer Mikrophysik und einer Produktivität der Macht. »Die Macht«, so Foucault, »hat positive Effekte, sie bringt Wissen hervor und erregt Lust. Die Macht ist liebenswert.«[146] Es gibt nicht einfach Herrscher und Beherrschte und nicht bloß eine Repression von Wünschen, Begierden oder der Sexualität. Foucaults These ist, dass die Formen der Subjektivierung, also der Art und Weise, wie sich Subjekte wahrnehmen und konstituieren, auch Formen der Regierung sind, also der Art und Weise, wie Gesellschaften sich formieren. Sie tun dies, indem sich Subjekte organisieren, bestimmen und verhalten, ohne dazu gezwungen zu werden. Entscheidend ist hierbei, dass die Subjekte aktiv Technologien ausbilden, die sie selbst mit einschließen. So stehen sie nicht außerhalb der Macht, sondern sind immer schon Teil von gesellschaftlichen Macht-Dispositiven, Gegenstand von Subjektivierungsprozessen und eingebunden in Wissensformen. Foucault hat diese drei Bereiche als Konstanten seiner Überlegungen herausgestellt: Es gehe ihm um Gestalten des Wissens, die Beziehungen der Macht und Modi der Konstitution des Selbst oder, in anderer Terminologie, die Veridiktionsmodi, die Techniken der Gouvernementalität und die Selbstpraktiken. Doch was haben diese abstrakt klingenden Bestimmungen mit Überwachungstechnologie zu tun?

Versteht man CCTV als Versuch, Sicherheit zu erzeugen, so hat diese Technologie eine doppelte Komponente, die den Beobachteten notwendig mit einschließt, da dieser sich gerade dadurch, dass er beobachtet wird, sicherer fühlen soll.[147] Hier tun sich durchaus bestimmte strukturelle Parallelen zum verinnerlichten Blick der anderen auf das Subjekt bei Lacan bzw. Silverman im vorherigen Kapitel auf. Es geht also nicht nur um die Gewährleistung öffentlicher Sicherheit, sondern auch um die Psyche, das Gefühl der Sicherheit seitens der beobachteten Subjekte. CCTV ist ein Instrument des Regierens aus der Distanz, das »das räsonnierende, sich selbst kontrollierende Individuum bereits voraussetzt«[148]. Als solches zielt es daher auf eine externe Beobachtung, die ihr notwendiges Korrelat in der Selbstbeobachtung hat, und macht deutlich, »dass die Technik ihrerseits ein Regime der Selbstkontrolle evoziert«[149]. Überwachungstechnik geht mit einer Technologie des Selbst Hand in Hand. Zugleich handelt es sich seitens der Beobachtenden um ein Verfahren, das den Raum scannt und strategisch parzelliert, indem es einzelne Segmente oder Subjekte identifiziert, die nicht der Norm entsprechen. Dementsprechend ist CCTV nicht nur überall einsetzbar, sondern kann sich auch höchst unterschiedlichen Anforderungen flexibel anpassen: Es geht eben nicht nur um Verbrechensprävention im öffentlichen Raum, sondern auch um technische Defekte in einem Kernkraftwerk. Doch während in einem AKW

Reparaturen erforderlich sind, wird der Gesellschaftskörper als weitgehend selbstregulativ vorgestellt. Die Subjekte sollen sich selbst kontrollieren, um besser funktionieren zu können. Und das soll mittels einer Fremdbeobachtung erfolgen, die in Selbstbeobachtung übergeht und so ungleich effizienter funktioniert.

Michel Foucault hat in seinem Buch *Überwachen und Strafen* dieses subjektivitäts- wie gesellschaftstheoretische Modell einer »Technologie der Individuen«[150] anhand eines prägnanten historischen Beispiels erläutert: dem sogenannten Panopticon, das von dem englischen Utilitaristen Jeremy Bentham Ende des 18. Jahrhunderts entworfen wurde. Bentham hatte es als architektonischen Entwurf konzipiert, der dann auch verschiedentlich realisiert wurde und für jede Form von Disziplinaranstalt als geeignet erachtet wurde – für Gefängnisse, Schulen, Fabriken, Armenhäuser oder auch Spitäler und Kasernen. Es handelt sich dabei um ein Rundgebäude, in dessen Mitte ein Beobachtungsturm steht, um den herum die einzelnen Zellen der zu beobachtenden Räume gruppiert sind. Diese können von dem Turm jederzeit eingesehen werden, ohne dass aber die Beobachteten sehen können, ob sie beobachtet werden oder nicht. Nicht zufällig taucht hier die diagrammatische Konfiguration von Boschs Gottesauge wieder auf: Ziel ist eine Internalisierung der Machtverhältnisse, d.h. die Etablierung einer Selbstbeobachtung, die an die Stelle der Fremdbeobachtung tritt. Da die Zelleninsassen nicht wissen, ob sie beobachtet werden, bilden sie allmählich Selbstbeobachtung und Selbstkontrolle als Habitus aus. Wenn Michel Foucault das panoptische Gefängnis in den Kontext einer Genealogie der Subjektivität stellt, so geschieht das im Sinne einer Technologie des Selbst, die hier Visualität als Machtmechanismus deutet. Das macht auch die Attraktivität des Modells für die Analyse visueller Kulturen aus.

Der Soziologe Zygmunt Bauman hat Foucaults Modell aufgegriffen, um es in modifizierter Form auf die postmoderne Gesellschaft anzuwenden, die seiner Auffassung nach eine post-panoptische Ordnung habe. An die Stelle des Zentralismus seien mobile, flexible und räumlich ungebundene Modi der Überwachung getreten, die in analoger Weise zum Panopticon Benthams funktionieren und durchaus im Sinne Foucaults Macht nicht als Unterwerfung, sondern als Produktivität institutionalisieren. Zu ihren Technologien gehört in herausragender Weise auch CCTV. Mit dem Phantasma einer gesellschaftlichen Zentralinstanz, dem Orwell'schen Big Brother, hat das nichts mehr zu tun – mit Macht hingegen schon.

Gleichwohl hat sich eine historisch umfassende Untersuchung heutiger visueller Kultur auch mit der Vorgeschichte des *Big-Brother*-Gedankens und seinem populärkulturellen Überleben zu beschäftigen. Auf der amerikanischen Dollar-Note ist bekanntlich ein Auge abgebildet: Es ist das Auge der Vorsehung, »ein Auge [...], das alles sieht«[151]. Nun finden sich in jüngster Zeit einige Deutungen, die eine andere Auslegung dieses Auges und seiner kulturellen Bedeutung vornehmen. Die prominenteste ist fraglos Dan Browns Roman *Illuminati* samt seiner filmischen Umsetzung. Für den CCTV-Zusammenhang interessanter ist hingegen Hans-Christian Schmids Film *23 – nichts ist so wie es scheint* aus dem Jahr 1998, der die Geschichte von Karl Koch schildert, der dem *Chaos Computer Club* nahestand und in den 1980er Jahren für den KGB vor allem europäische und amerikanische Rechner hackte. Der Film assoziiert das neu entstehende digitale Netzwerk mit einer Verschwörungstheorie, die auf Robert Anton Wilsons Buch *Illuminatus* beruht. Karl Koch erblickt überall Zeichen, die für ihn Chiffren einer geheimen und doch offenbaren Weltverschwörung sind. In *23* ist es die titelgebende Zahl, die überall auftaucht und weit in die Zeiten zurückreicht: bis zu den Freimaurern und ihrem Zeichen, der Pyramide, das Karl Koch den ungläubigen Freunden auf einer Dollarnote, der Geld gewordenen neuen Ordnung der Welt, präsentiert. Das Porträt George Washingtons, das sich darauf findet, deutet er in klassisch verschwörungstheoretischer Manier als das Bildnis Adam Weishaupts, des Gründers des Illuminatenordens, und die Freimaurerpyramide auf der Rückseite als Zeichen für die Infiltration Amerikas durch die Illuminaten. Die entscheidende Pointe des Films ist jedoch, dass das Netzwerk der Weltverschwörung durch einen Geheimbund in der nunmehr digitalen Wirklichkeit eine neue Gestalt angenommen hat: das weltumspannende Computernetzwerk. In dieser verschwörungstheoretischen Deutung bildet es das technische Auge, das alles sieht: das neue Auge der technischen Vorsehung.

Literatur

Friedrich Balke, Gregor Schwering, Urs Stäheli (Hg.), *Big Brother. Beobachtungen*, Bielefeld 2000.

Zygmunt Bauman, *Flüchtige Moderne*, Frankfurt/Main 2003.

Michel Foucault, *Überwachen und Strafen. Die Geburt des Gefängnisses*, Frankfurt/Main 1977.

Leon Hempel und Jörg Metelmann (Hg.), *Bild – Raum – Kontrolle. Videoüberwachung als Zeichen gesellschaftlichen Wandels*, Frankfurt/Main 2005.

Tom Holert, *Regieren im Bildraum*, Berlin 2008.

Dietmar Kammerer, *Bilder der Überwachung*, Frankfurt/Main 2008.

Tom Levin, Ursula Frohne und Peter Weibel (Hg.), *Ctrl[Space]. Rhetorics of Surveillance from Bentham to Big Brother*, Karlsruhe, Cambridge/Mass. und London 2002.

David Lyon, *The Electronic Eye. The Rise of the Surveillance Society*, Cambridge 1994.

Ders., *Surveillance Studies. An Overview*, Cambridge 2007.

Clive Norris und Gary Armstrong, *The Maximum Surveillance Society. The Rise of CCTV*, Oxford und New York 1999.

Nils Zurawski (Hg.), *Surveillance Studies. Perspektiven eines Forschungsfeldes*, Opladen 2007.

8. Das konsumierende Auge – Warenspektakel und Ideologiekritik

Abb. 10: Plakatwerbung von *Cordaid*, 2007[152]

Betrachten wir ein in Cannes 2007 preisgekröntes Plakat für die niederländische Organisation *Cordaid*: Eine afrikanische Frau schaut uns mit leicht gegen das blendende Licht der ostafrikanischen Savanne zusammengezogenen Augen an; die modische Sonnenbrille hat sie abgenommen und hält sie wie ein zweites Paar Augen neben ihrem Kopf. Ihr ernster Blick ist durchdringender, als man es von Werbeplakaten gewohnt ist. Das abgestützte Liegen am Boden, die Hand im Nacken, die überkreuzten Füße – zusammen eine vertraute Modelpose. Obwohl im Bereich der

Modephotographie und der Werbung nahezu alles möglich scheint, geht ein erhebliches Irritationspotential von dem Bild aus. Es gibt einen spürbaren Bruch zwischen der Pose und der Brille einerseits und dem würdevollen, nicht mehr jungmädchenhaften Gesicht sowie den definitiv unmodischen und sogar zerschlissenen Kleidern. Geht man davon aus, dass die Frau an diesem unwirtlichen Ort lebt, wirkt die Pose aufgesetzt, gar aufgezwungen, und das funkelnde Accessoire in seiner Funktionalität ironisch gebrochen: Es ist nicht das, was sie gegen die sengende Sonne bräuchte. Die Schrift, die typographisch und in ihrer Positionierung stark an Anzeigen der Modefirma H&M erinnert, teilt uns zunächst den Preis der Brille mit – kein Luxusprodukt – und in einer weiteren Zeile in kleinerer Type, dass ein Wasserzugang mit acht Euro nur ein Drittel ihres Preises kosten würde. Die Brille ist offenbar nicht Gegenstand der Werbestrategie, sondern führt als kultureller Fremdkörper in der Szene symbolisch unsere eigenen Wertsysteme und aufs Materielle gerichteten Begehrenslogiken vor. Zwei Kulturen scheinen bereits im Bild zu kollidieren, auch ohne die moralisierende Aufrechnung und ohne die Aufforderung, eine SMS als Spende an eine Hilfsorganisation zu senden. Darin liegt eine Stärke des Plakats. Hunderte Afrikabilder, nicht zuletzt aus Hilfskampagnen, welche hilflose Opfer auf kargem Grund vorführen, und der Oberflächenglanz der Modeindustrie, der in die Art der Darstellung durch Erinnerung an Tausende andere Bilder eingesenkt ist, werden hier in irritierender Weise übereinandergeblendet. Ohne Zweifel ist die Frage zu stellen, wie authentisch die Frau ist und ob man durch sie, selbst wenn alles an ihr ›echt‹ sein sollte, nicht koloniale Stereotypisierungen fortschreibt – und das bereits, indem sie nicht nur eine diffuse ›afrikanische‹ Bevölkerung repräsentiert, sondern immer auch deren Armut, Not und ein unterstelltes Unvermögen zur Selbsthilfe. Kann ein visueller Appell mit kurzer Wirkungsspanne anders verfahren? Solche und andere Diskussionen, etwa über die Nachhaltigkeit einer Werbung, die an Schuldgefühle appelliert und nicht auch Hintergründe der Armut vermittelt, werden im Internet über diese Kampagne geführt. Übersehen wird aber zumeist, dass die Frau auf der anderen Seite eine besondere Würde ausstrahlt, nicht wegen, sondern trotz der fremden Pose. Zudem ist es eben auch möglich, ihren wahrscheinlich authentischen Schmuck als Hinweis auf das Fortbestehen kultureller Traditionen und damit einer Art von Identität zu verstehen, die jede neue (Ethno-)Mode, jedes Accessoire allenfalls verheißen, aber niemals erfüllen kann. Eine besondere ironische Qualität des Plakats – etwa im Hinblick auf die Debatten um sogenannte »Magermodels« oder die Frage unverantwortlichen Bräunens bzw. der Tourismusindustrie in armen Ländern überhaupt – resultiert daraus, dass die in der Sonne Liegende als eine Art Zerrspiegel westlicher Lifestyle-Verirrungen wirkt. Hier mögen sich bei einzelnen Betrachtern sofort bestimmte kulturkritische Tiefen eröffnen, die über das Übliche einer Modewerbung oder eines Spendenaufrufs weit hinausgehen. Steht die Liegende, wie klischeehaft auch immer, für ›Afrika‹, so repräsentieren Brille und Inszenierung eine globale ›westliche‹ Konsumkultur, die hier nicht nur im Spiegel basaler menschlicher Bedürfnisse, sondern wohl auch im Spiegel eines in sich gefestigten und kulturell verwurzelten Individuums problematisiert wird. In beiderlei Hinsicht muss der Betrachter sich in seiner eigenen Lebensweise infrage gestellt fühlen. Der ernste Blick der ungeschützt in der Sonne liegenden hageren Frau taxiert uns – gemessen an den eben angesprochenen Problemfeldern – als Mitglieder einer recht fragwürdigen ›Werte‹-Gemeinschaft. Vor allem aber ist es eine Gemeinschaft, die sich dadurch auszeichnet, dass sie sich nahezu überall und jederzeit von global agierenden Konzernen neue Waren als Unterpfand für ein noch besseres Leben versprechen lässt. Die visuelle Signatur dieser globalen Kultur ist die Werbung selbst, und zwar gerade in ihrer Exotik und Auslotung aller Möglichkeiten zur Erregung von Aufmerksamkeit. Und das kann auch eine Form der politisch dezidiert inkorrekten Inszenierung sein: So hat die Jeansmarke *Diesel* 2001, also wenige Jahre zuvor, tatsächlich eine nicht unähnliche Kampagne lanciert, die die Welt zynisch auf den Kopf stellte und glamouröse Afrikaner beim Feiern zeigte, während in beigefügten Zeitungsartikeln von Hunger, Überbevölkerung und Ausbeutung in Europa und Amerika die Rede war. Die Dynamiken, die eine solche ironische Wendung möglich machen, wollen wir in diesem Kapitel beschreiben und zugleich verschiedene, für das Feld der Konsumkultur und ihrer Ideologien einschlägige Theorien vorstellen.

Wie originell die *Cordaid*-Aktion auch sein mag, ob moralisch bedenklich oder aufgrund der verblüffenden Ambivalenz bestimmter Aspekte doch subversiv: Der intensive Blick des Models gilt den europäischen Betrachtern als Individuen, die Geld ausgeben, konsumieren. Auch wenn diese beiden Handlungen hier ausnahmsweise einmal auseinandertreten und wir sozusagen doppelt adressiert werden – als Konsument und als potentieller Spender –, so handelt es sich doch um eine typische Plakatwerbung, die von einer Werbeagentur hergestellt wurde, um ökonomische Entscheidungen zu beeinflussen. ›Konsum‹ bedeutet seit dem späteren 20. Jahrhundert vor allem Umgang mit Symbolen und kollektiv geteilten Bedeutungsmustern. Waren und ihre Logos haben einen ›kulturellen Mehrwert‹, der den materiellen Wert eines Gegenstandes weit übertreffen kann, der aber höchst sensiblen und flüchtigen Zuschreibungsdynamiken (in der Werbung, aber auch in Trends setzenden Subkulturen) unterliegt. Was heute Glamour verspricht, kann morgen schon von Hinterwäldlertum zeugen, nachdem ein Trend zu sehr zum Mainstream geworden ist. Grundlage unserer Kaufentscheidungen ist dementsprechend die Frage, wer wir sein möchten – eine Art fortwährender Arbeit an unserer Identität, die nicht mehr einfach durch Herkunft definiert ist. »Identitäten werden in und durch Kultur produziert, konsumiert und reguliert, indem Bedeutungen durch symbolische Repräsentationssysteme geschaffen werden.«[153] Die Überlagerung von Identitätsbildung und Konsum ist eines der zentralen Merkmale der Postmoderne. Deshalb zielen Bilder oder Spots nicht nur auf Reiz-Reaktions-Muster wie sexuelle Attraktion oder Kindchenschema, sondern insbesondere auf Ängste, Wünsche und Identifikationsdynamiken.

Im Kapitel zum historischen Auge wurden die Grundzüge der Verflechtung von Subjektbildung und Ideologie nach Louis Althusser skizziert. Im Hinblick auf die allgegenwärtige Werbung sind wir es bereits gewohnt, unentwegt als *ökonomische* Subjekte, als Konsumenten angerufen zu werden. Zeitgenössische visuelle Kultur ist heute zu einem überwiegenden Teil eine Bildlichkeit, die erklärtermaßen das Ziel verfolgt, den Kauf bestimmter Produkte zu fördern, indem sie sie mit Lebensstilen und Begehrenslogiken verknüpft. Die Grenzen zu anderen Bildern, zu Unterhaltungsfilmen, Fernsehshows, sogar Nachrichtenbildern, sind dabei zunehmend schwerer zu ziehen, seit es diverse Agenturen gibt, die sich um Produktplatzierungen und Verknüpfung von Marken mit Events kümmern. Was Kalle Lasn, der Vordenker des *Adbusters Magazine* (dazu später mehr), über Amerika sagt, gilt so für den größeren Teil der Welt: »Amerikanische Kultur wird nicht mehr von Menschen geschaffen. Geschichten, die früher von einer Generation an die nächste weitergegeben wurden, von Eltern, Lehrern oder Nachbarn, werden heute von Konzernen erzählt, die etwas ›zu sagen und zu verkaufen haben‹. Marken, Produkte, Moden, Stars, Unterhaltung – Spektakel, die entfernt zur Produktion der Kultur gehörten, sind heute unsere Kultur.«[154] Insofern die Konzerne und Produkte global dieselben sind, droht dabei – trotz aller Hybridisierungen – eine nicht mehr reversible Erosion etablierter lokaler Kulturtraditionen. Auch diese Dynamik steckt im Bild der Afrikanerin mit der Modebrille.

Die Diagnose, dass Kultur heute nahezu deckungsgleich ist mit einem auf Warenlogik basierenden fortwährenden *Spektakel*, ist nicht neu: Ursprünglich stammt sie vom französischen Situationisten Guy Debord. In seinem jüngst wieder breit rezipierten und zitierten Buch *Die Gesellschaft des Spektakels* beschrieb Debord bereits 1967 das Spektakel als »das *Kapital*, das einen solchen Akkumulationsgrad erreicht, daß es zum Bild wird«,[155] eine zur Ware gewordene umfassende Sichtbarkeit bzw. Bildlichkeit, die alle Aufmerksamkeiten bindet. »Das Spektakel ist der Moment, in welchem die Ware zur *völligen Beschlagnahme* des gesellschaftlichen Lebens gelangt ist. Das Verhältnis zur Ware ist nicht nur sichtbar; sondern man sieht nichts anderes mehr: die Welt, die man sieht, ist seine Welt.«[156] Hierunter subsumiert Debord nicht nur die glänzende Oberfläche der Dinge in der Werbung, sondern auch Veranstaltungen, Starkult, die gesamte Veräußerlichung gesellschaftlichen Lebens. Die Menschen werden für ihn in ihrem Denken von ›Events‹, wie es heute heißen würde, absorbiert und so zu kritiklosen Rädchen im perfektionierten Kapitalismus. Die Realität tritt in Debords Konzept hinter das Spektakel als einer allen gemeinsamen Realitätserfahrung zurück, in der gleichwohl die passiven Betrachter vereinzelt bleiben. Das Subjekt ist zum bloßen Betrachter degradiert: »Je mehr er zuschaut, um so weniger lebt er; je mehr er sich in den herrschenden Bildern des Bedürfnisses wiederzuerkennen akzeptiert, um so weniger versteht er seine eigene Existenz und seine eigene Begierde.«[157] Althussers Konzept ideologischer Subjektbildung scheint hier bereits in dezidiert visueller Zuspitzung gedacht, wenn auch nicht in derselben konsequenten Unhintergehbarkeit: »Das Spektakel ist die Ideologie schlechthin, weil es das Wesen jedes ideologischen Systems in seiner Fülle darstellt und zum Ausdruck bringt: Die Verarmung, die Unterjochung und die Negation des wirklichen Lebens.«[158] Was mit »wirklichem Leben« heute gemeint sein könnte, diskutiert der Debord-Anhänger Lasn, der in seinem Buch *Culture Jamming* Themen wie etwa positiv erlebte Naturerfahrung, Geschmack von nichtindustriellen Lebensmitteln, Sexualität, Körperbildstörungen, Konzentrationsfähigkeit, zwischenmenschliches Interesse usw. anspricht. Er sieht eine schleichende Form der Vergiftung am Werk, die widerstandslos als Lebensqualität bzw. – im Blick auf die beworbenen Waren – als Coolness verkauft wird. »Die kapitalistische Konsumkultur [...] kannibalisiert den Geist im Lauf der Zeit. Sie setzt die Bürger als gehorsame ›Sklavenkomponenten‹ des Systems ein, ohne dass sie sich selbst darüber klar werden.«[159]

Die Grundfigur solcher Prozesse ist offensichtlich die mit Althusser in Kapitel zwei beschriebene Tendenz der Ideologie zur Selbstverneinung. Das Spektakel, so Debord, findet seinen Zweck in sich selbst und lässt alle anderen Formen von Gesellschaftlichkeit und politischer Teilhabe vergessen. Was historisch geworden oder gar mit bestimmten Absichten so eingerichtet wurde, tritt nicht nur als unabsichtlich, sondern als alternativlos auf.

Der Semiotiker Roland Barthes hat für die Zeichenprozesse, die dem zugrunde liegen, den Begriff des »Mythos« gewählt. In seinem Buch *Mythen des Alltags* analysierte er in essayistischer wie theoretischer Form diverse Alltagsphänomene im Frankreich der 1950er Jahre, die er als Ausdrucksformen maskierter Ideologie verstand. Wenn es zutrifft, dass heute Konzerne die Geschichten erzählen, die früher Eltern, Lehrer usw. erzählt haben – Lasn blendet dabei allerdings geflissentlich Nationalstaaten und Religionen aus –, so erscheint der Begriff des Mythos gerade für die medialen Spektakel der Konsumideologie äußerst passend. Wieviel Coca-Cola etwa steckt im zunehmend globalen Mythos vom Weihnachtsmann mit dem roten Mantel, seit er 1931 zur Werbefigur wurde? Werden nicht offensichtlich mythologische Versatzstücke aufgegriffen und mit Starkulten oder der Idee ewiger Selbstvervollkommnung des Individuums amalgamiert? Geht es nicht nach allgemeinem Verständnis bei Mythen darum, einfache und von klaren Strukturen geordnete Erklärungsmodelle für die Welt zu liefern? Handelt es sich nicht meist um Erzählungen, die vorgeben, von keiner Autorinstanz erfunden worden zu sein?

Barthes interessierte sich allerdings besonders für die dabei wirkenden Signifikationsprozesse: »Der Mythos wird nicht durch das Objekt seiner Botschaft definiert, sondern durch die Art und Weise, wie er diese ausspricht.«[160] Zeichentheoretisch betrachtet ist der Mythos für Barthes ein sekundäres System, indem er auf bereits bedeutende Zeichenverbindungen aufsattelt, sich ihrer als »Rohstoff« bzw. »entleerte Form« bedient, die von neuem aufgefüllt wird.[161] Hinter dem zur Verfügung gehaltenen Sinn des ursprünglichen Zeichens, so Barthes, kann sich der Mythos dann verstecken und den Eindruck eines absichtlich, eines historisch geprägten Symbols vermeiden und dieses als vermeintlich »natürlichen«, faktischen Sachverhalt darstellen. Veränderbare Geschichte wird zur unveränderlichen Natur. Barthes erläutert dies am Beispiel eines Magazinphotos von einem die französische Fahne grüßenden farbigen Soldaten, der ›mythisch‹ bedeutet, »daß Frankreich ein großes Imperium ist, daß alle seine Söhne, ohne Unterschied der Hautfarbe, treu unter seiner Fahne dienen« – der Eifer des Soldaten soll Vorstellungen eines aufgezwungenen Kolonialismus zerstreuen.[162] Ein Symbol ist er nicht, »dafür eignet ihm zuviel Präsenz, er gibt sich als ein reiches, spontanes, gelebtes, unschuldiges, *unbestreitbares* Bild«[163]. Doch diese Präsenz wird gleichzeitig vom Mythos unterworfen, auf die aufgesattelten Inhalte hin durchsichtig gemacht. Das vom

Mythos Erfasste wird in seinem Sinn auf eine spezifische Funktion verengt, im Falle des afro-französischen Soldaten die Affirmation eines französischen Imperialismus. Dabei verbirgt der Mythos nichts, er lässt nichts verschwinden, er »deformiert« den Sinn des Bildes nur.¹⁶⁴ Der Sinn auf der ersten Ebene, die oben genannte Spontaneität der Szene, kann als ein »Alibi« verwendet werden, die ideologische Dimension kann sich immer hinter die Ungestelltheit des Vorgangs zurückziehen. Gleichzeitig statuiert auch Barthes eine Anrufung des Betrachters, der Mythos habe einen »imperativen und interpellatorischen Charakter«¹⁶⁵. Der Soldat »richtet im Namen der französischen Imperialität seinen Anruf an mich; doch im selben Augenblick gerinnt, erstarrt der Gruß des Negers [*die Übersetzung erfolgte Mitte der 1960er Jahre*] zu einer ewigen Begründung, die bestimmt ist, die französische Imperialität zu stiften«¹⁶⁶.

Mit dem Begriff des Mythos versucht Barthes also verschiedene Aspekte zu fassen, denen wir bereits bei Althusser als Wesenszüge der Ideologie begegnet waren: die persönliche Anrufung sowie die Selbstverneinung der Ideologie durch den Vorgang der Naturalisierung: »Alles vollzieht sich, als ob das Bild auf *natürliche* Weise den Begriff hervorriefe, als ob das Bedeutende das Bedeutete *stiftete*. Der Mythos existiert genau von dem Augenblick an, da die französische Imperialität in den Zustand der Natur übergeht.«¹⁶⁷ Was eigentlich eine historisch gewordene kontextabhängige Zeichenverbindung ist, wird als faktischer Kausalzusammenhang aufgefasst, mehr oder minder kontingente Konnotationen werden als Denotationen ausgegeben. Kolonialisierung ist selbstverständlich, weil quasi natürlich gegeben und deshalb nicht weiter zu hinterfragen und vor allem auch nicht zu kritisieren. Der Mythos zementiert den Status quo. Barthes statuiert diesbezüglich auch die Überlegenheit des Visuellen gegenüber der Sprache, sich als unideologisch, als bloßes Faktum zu maskieren: »Die Abbildung ist gewiß gebieterischer als die Schrift, sie zwingt uns ihre Bedeutung mit einem Schlag auf, ohne sie zu analysieren, ohne sie zu zerstreuen.«[168] Gleich in welcher Medialität jedoch gelingt es dem Mythos – und hier treffen wir wieder auf die Logik des Spektakels –, »jedes Vordringen über das unmittelbar Sichtbare hinaus« zu unterdrücken, »er organisiert eine Welt ohne Widersprüche, [...] eine in der Evidenz ausgebreitete Welt«[169]. Geschichte, Gemachtheit, Absichten, politische Dimensionen etc. werden in Augenscheinlichkeit, Ewigkeit und Natürlichkeit überführt. Niemals gibt sich die Ideologie als solche zu erkennen, allenfalls – und das ist für unser Thema ein wesentliches Detail – erhebt sie einen Anspruch auf den ›gesunden Menschenverstand‹, indem sie sich als Wertesystem einer »Kultur« ausgibt: Für Barthes ist es der »Mythos der Zeitlosigkeit«, der »jedem Rekurs auf eine ewige ›Kultur‹ zugrunde liegt«[170]. In diesem Sinne mag man bereits in eine Falle tappen, wenn man bestimmte Komplexe als ›visuelle Kultur‹ und nicht als ›visualisierte Ideologie‹ bezeichnet.

Gegen die Mechanismen der Naturalisierung und gegen das verdeckte Implizite der begegnenden Bilder müsste sich eine ideologiekritische Analyse des Visuellen im öffentlichen Raum richten. Ausgehend von Barthes wird deutlich, inwiefern ein Aufbrechen des vermeintlich bloß Faktischen zugunsten einer komplexen Aufschlüsselung aller impliziten Konnotationen, Appelle und Versprechungen ebenso ideologiekritische Arbeit sein kann wie eine kritische Hinterfragung derjenigen Botschaften und Inhalte, die sich vorgeblich mit einem Objekt, einer Person oder einem Bild notwendig verbinden. Semiotik – und so versteht Barthes sie programmatisch – kann durchaus politisch sein. Blicken wir noch einmal kurz auf unser Einstiegsbeispiel zurück, so zeigt sich schnell, dass sich Werbung, die Barthes vor Augen haben konnte, dass sich die von ihm ausgemachte Form der

Ideologie ganz allgemein nicht mehr mit derart komplexen, selbstironischen Strategien zur Deckung bringen lässt, die jede Gegenposition schon in sich absorbiert zu haben scheinen. Mag der *Cordaid*-Aufruf ohnehin kaum der Ideologiekrititk bedürfen (was man auch anders sehen kann) – die vergleichbare *Diesel*-Kampagne mit den feiernden Party-Afrikanern lässt sich nicht mehr mit Barthes' Magazinphoto vergleichen. Entsprechend schwierig ist es für die Ideologiekritik, sich gegen ihre immer schon vollzogene Vereinnahmung zu behaupten. Wir werden uns den in solchen Kampagnen wirkenden Dialektiken ausgehend von neueren Ansätzen – nicht nur der Kritik, sondern auch des Widerstands – noch einmal genauer widmen.

Ein grundsätzliches Problem der Ideologiekritik allerdings ist vorher noch auf der Theorieebene zu klären: Geht man die selbstgenügsame Welt des Spektakels von den Überlegungen Althussers zur Ideologie oder Foucaults zur Macht aus an, kann einen schnell ein gewisser Fatalismus beschleichen. Wenn alle ihre Subjektivität daraus gewinnen, dass sie sich von einem System an ihren Platz stellen lassen und dessen Forderungen eigenständig umsetzen, wenn theoretisch keiner isolierten Instanz Machtausübung oder Täuschung zugeschrieben werden können, so scheint sich die Frage nach Veränderung zu erübrigen. Sind die Menschen gleichsam wie in der Filmtrilogie *Matrix* in einer Scheinwelt gefangen?

An dieser Stelle unserer Überlegungen gilt es, sich einiger wesentlicher Aspekte im Hinblick auf das Verhältnis von Kultur bzw. Ideologie, Repräsentation und Subjektivität bewusst zu werden: Entscheidend dürfte sein, dass erstens eine Kultur nicht statisch, sondern in stetem Wandel begriffen ist; sie ist darauf angewiesen – und das gilt erst recht, wenn man von Ideologie spricht –, dass bestimmte Einstellungen beständig fortgeschrieben und bestätigt werden, zum Beispiel in den Bildwelten, insbesondere aber im Verhalten der einzelnen Individuen, in deren Praxen, wie Althusser sagen würde. Entscheidend für den Fortbestand eines impliziten Systems von Werten durch Spektakel sind demnach die Lesarten, die tatsächlich von den Konsumenten vorgenommen werden.

Wir haben außerdem bereits bedacht, dass selbst an einem Ort eine Kultur nicht homogen ist, sondern Individuen, etwa aufgrund ihrer ökonomischen Position, ihrer ethnischen Zugehörigkeit, ihres Geschlechts, ihrer sexuellen Orientierung, ihrer politischen Einstellung, ihrer Religionszugehörigkeit, ihrer Erziehung, ihres Alters usw., verschiedene Lesarten von Bildern und Botschaften, etwa der Werbung, vornehmen. Auch wenn die Werbebilder raffinierteste Anstrengungen unternehmen, Individuen als Subjekte in ihrem Sinne anzurufen, etwa jedem durch Kauf eines Produkts die gleiche Einzigartigkeit zu versprechen, spielt bei dieser Form der Kommunikation die Interpretation und damit auch der jeweilige *Kontext* des Verstehens eine entscheidende Rolle. Zwar wird die Bedeutung von Symbolen, wie etwa von Kleidern oder anderen Prestigeobjekten, immer von Gruppen festgelegt – nicht jede Lesart ist also gleich plausibel –, aber diese Bedeutung kann auch nicht exakt und für alle geltend von Produzenten vorhergesehen werden, wie nicht zuletzt Studien zu subkulturellen Umwertungen belegt haben.

Aufgrund der verschiedenen Zugehörigkeiten und Interessen entspricht es deshalb auch nicht der Realität, wenn man von einer unhinterfragt geltenden Ideologie ausgeht, wie etwa bereits der italienische Marxist Antonio Gramsci (1891-1937) betont hat. In seinem Blick auf die entscheidende Rolle der »Kultur« – hier als besondere Sphäre innerhalb einer Gesellschaft verstanden! – bei der Machtentfaltung herrschender Klassen schärfte er das theoretische Bewusstsein dafür, dass immer verschiedene gesellschaftliche Positionen um die Deutungshoheit streiten. Was sich einstellt, ist die *Hegemonie* einer machtvollen Position, die stets fragil und in Aushandlung begriffen bleibt, weil sie eine Mehrheit an ihre Werte binden können muss. Die hegemoniale Lesart kann sich also nicht nur als *common sense* ausgeben, sie muss es sogar, auch unter Zugeständnissen.

Zwischen Barthes, Gramsci und Althusser bewegen sich die für die *Cultural Studies* wegweisenden Überlegungen des Soziologen Stuart Hall zum Verhältnis von Subjekten und bestimmten Medieninhalten. Massenkommunikation, so Hall, darf man sich nicht als Transport stabiler Bedeutungen von einem Sender zu den vielen Empfängern vorstellen. Inhalte werden vielmehr von Produzenten encodiert – z.B. in Werbebildern – und von Individuen kontextabhängig decodiert. Den Beweis im Hinblick auf unser Beispiel liefern die Interpretationen von etwa dreihundert Studienbewerbern, die in Einzelfällen etwa anprangerten, dass der Afrikanerin mit einer Brille nicht geholfen sei oder Afrika ausweislich des Bildes bereits »genug Konsum« habe. Es gibt also immer gewisse ›Streuverluste‹, insbesondere bei der visuellen Vermittlung von Botschaften. Es gibt aber auch bewusste Uminterpretationen.

Hall unterscheidet drei prinzipielle Varianten, wie sich *Encoding* und *Decoding* zueinander verhalten bzw. wie (ideologische) Botschaften tatsächlich rezipiert werden:

1. In Übereinstimmung mit dem dominanten ideologischen System (*dominant-hegemonic position*) findet eine »Vorzugslesart« statt – die Zuschauer/Betrachter übernehmen »die konnotative Bedeutung eines medialen Textes [...] voll und ganz«[171]. Die Decodierung und damit die Einstellung des interpretierenden Individuums verbleibt im ideologischen System, dem auch die Produzentenseite angehört.

2. Bei einer »ausgehandelten Lesart« (*negotiated position*) »akzeptieren die Zuschauer grundsätzlich die dominanten Defini-

tionen von Situationen und Ereignissen, die diese in größere Zusammenhänge [...] einordnen«[172]. Sie enthält aber bereits oppositionelle Elemente, die aus den individuellen Lebenskontexten – Hall spricht von »partikularen« oder »situierten Logiken« – resultieren.[173]

3. Die oppositionelle Lesart (*oppositional code*) versteht durchaus alle Implikationen der Vorzugslesart, lehnt sie aber bewusst ab. »Diese Position wird insbesondere von Zuschauern eingenommen, die sich in direkter Opposition zum hegemonialen Code befinden.«[174]

Hall, der von Nachrichtensendungen ausgeht, verdeutlicht die zweite Position an Arbeitern, die eine geplante Verminderung von Streikrechten im Sinne der Volkswirtschaft als anerkannt hohem Gut nachvollziehbar finden, aber trotzdem auf dem Mikroniveau ihres Beschäftigungsverhältnisses streiken gehen. Die dritte Position erläutert er mit einer Person, die automatisch jede Erwähnung nationaler Interessen gedanklich durch »Klasseninteressen« ersetzt. Sie würde, und damit lässt sich der Bogen von der Frage nach gesellschaftlichen Klassen zurück zum Beispiel der Konsumideologie schlagen, eine Argumentation, die sich auf notwendiges Wachstum der Wirtschaft beruft, nicht akzeptieren. Wenn solche Lesarten um sich greifen, haben die hegemoniale ideologische Position wie die Institutionen und Medien ihrer Verbreitung ein Problem, eine Krise entsteht. Man kommt der Realität allerdings näher, wenn man in Kulturen eine Dynamik am Werk sieht, die sich »aus dem fortschreitenden Austausch zwischen dominanten, verhandelten und oppositionellen Lesarten«, zwischen hegemonialen und gegen-hegemonialen Kräften speist.[175] Machen wir auch hier kurz den Anwendungstest an unserem Bildbeispiel, so sehen wir, dass sich die Situation deutlich verkomplizieren kann, denn die Vorzugslesart wäre gerade eine Infragestellung gängiger Konsumideologie. Wie ungewöhnlich der

Fall einer Spendenkampagne verglichen mit dem Gros der Werbung ist, die durch alle implementierten Ironien oder Charity-Aspekte hindurch selbstverständlich zum Kauf aufruft, belegt wiederum eine sehr bezeichnende Lesart des *Cordaid*-Plakats im Test: Im fraglichen Falle waren die üblichen Vorzugslesarten derart verinnerlicht, dass die Brüche ignoriert wurden und davon ausgegangen wurde, man spende mit jedem Brillenkauf acht Euro für Wasser!

Wie kann also eine Ideologiekritik der komplizierten Konsumwelten von heute aussehen? Wie aus den Konzepten von Ideologie deutlich wird und sich mit postmodernen Denkern der Simulation unterstreichen lässt, kann hinter der medialen Realität des Alltags nicht einfach ein verdecktes ›Reales‹ sichtbar gemacht werden. Die Aufgabe besteht vielmehr in einer »Praxis, die die Bedingungen des Aussagens selbst verändert, indem sie auf die Grundlage von Widersprüchen, Diskrepanzen und Schwierigkeiten des ideologischen Systems hinweist«[176]. Oppositionelle Lesarten sind gefragt. Bereits Barthes plädierte dafür, die Mythen ihrerseits zu entwenden, wie diese die Objekte, Bilder etc. entwendet haben, und sie auf einer dritten, einer künstlerischen Ebene, ebenfalls zu mythifizieren, also zu verdrehen und zu entlarven: »Die Macht des zweiten Mythos besteht darin, den ersten als angeschaute Naivität zu setzen.«[177] Hier kann also die Kunst, die hohe wie die populäre, angreifen: etwa Filme, die kollektive Ängste vor anderen Kulturen auf eine Unterwanderung durch Außerirdische, Vampire etc. übertragen. Konkret sind in diesem Sinne aber auch Taktiken des Widerstands und der Subversion entstanden, die von kreativ-entlarvenden Interventionen ausgehen, wie sie gerade mit den neuen digitalen Mitteln professioneller Bild- und Filmproduktion, aber auch der Online-Kommunikation inzwischen vielen zur Verfügung stehen.

Ausgehend von Aktionen der Bewegung »Situationistische Internationale« um Debord, plädiert Kalle Lasn dafür, erhellende Momente der Irritation und Bloßstellung in der Welt der Spektakel zu schaffen. »Aneignung« (*appropriation*), »Sabotage«[178] und »Rückeroberung« sind gängige Schlagwörter im Zusammenhang mit Praktiken des *Culture Jamming* (von »to jam« = einklemmen, blockieren). Dabei geht es um einen Kulturkampf zwischen einer von oben, den Konzerninteressen, dekretierten und einer von Menschen selbst gestalteten Lebenswelt, um Formen des zivilen Aufbegehrens. Für den visuellen Bereich impliziert dies Formen des Widerstands gegen die Inbesitznahme öffentlicher Räume und Symbole. Hier gibt es heute durchaus fließende Grenzen zu künstlerischen Praktiken des urbanen ›Hacking‹ (von »to hack«, hier: eindringen, verändern), wie *Guerilla Gardening*, dem Bepflanzen städtischer Mikroflächen, oder *Guerilla Knitting*, dem Umstricken von Objekten. Die bekannteste Spielart ist es, Werbungen zu manipulieren, zu parodieren, symbolisch zu attackieren. Lasn sieht einen Kampf um gesellschaftlich zirkulierende Gedanken, die er »Meme« nennt, im Gange. Durch Aktionen des *Culture Jamming* sollen Meme der Konsumideologie verändert und auf deren Wegen verbreitet werden. »Es funktioniert wie beim Judo. Wir nutzen die Wucht der millionenschweren Anzeigen und Spots der Werbeindustrie und hauen sie auf die Matte, indem wir die teuer eingeführten und positiv konnotierten Symbole einfach umdrehen.«[179] Anti-Werbung bzw. *Subvertisement* imitiert die Ästhetik vorgängiger Anzeigen. »Sie nutzt den Überraschungsmoment, in dem die Betrachter plötzlich bemerken, dass das, was sie sehen, genau das Gegenteil von dem ist, was sie erwartet haben. [...] Sie schneidet durch den Hype und den strahlenden Glanz unserer medialen Realität und enthüllt schlagartig, indem auch sie falsche Erwartungen weckt, das leere Innenleben des Spektakels.«[180] Momente der Reflexion über falsche

Versprechungen, Körper- und Frauenbilder, Rassismen, über implizite ›Ideale‹ sollen so eröffnet werden. Exakt diese Strategie verfolgt nun unsere *Cordaid*-Anzeige, die allerdings von einer professionellen Agentur – und keiner geringeren als Saatchi & Saatchi – erstellt wurde. Dass sie für einen ›guten‹ Zweck wirbt, könnte dabei letztlich Zufall sein, wie der Vergleich mit der *Diesel*-Kampagne und vielen anderen belegen kann. Die anti-konsumistische, prinzipiell oppositionelle Lesart wird hier wie dort spielerisch, weil nur als Mittel zum ökonomischen Zweck, sei es jetzt Hosenkauf oder Spende, eingesetzt. Natürlich geht es nicht wirklich um Kritik, sondern in erster Linie um die Verblüffung des Betrachters und seine Vereinnahmung für eine ›coole‹ Kampagne.

Wenn die Macht des konsumindustriellen Spektakels also mit den eigenen Mitteln geschlagen werden soll, bedeutet das auch, dass man sich im gleichen System, unter dem Diktat einer erhitzten Aufmerksamkeitsökonomie bewegt. Die Frage stellt sich, inwiefern nicht die Verschränkung von Konsumspektakeln und neuen Medien hinsichtlich der Wahrnehmungsformen bereits auf die visuelle ›Natur‹ des Menschen zurückgewirkt hat. Man kann sagen, »dass das Kommunikationsmodell der Reklame zum gesamtgesellschaftlich dominierenden Modell der Kommunikation überhaupt geworden ist«[181]. Spielt man also das Spiel notgedrungen mit, schreibt man eine bestimmte herrschende Logik der Kommunikation fort. Selbst die Kunst kann sich heute diesem Zwang nicht mehr entziehen, bietet immer weniger ein Refugium anderer ästhetischer oder sinngenerierender Wahrnehmungen. Für zeitgenössische Künstler herrscht ein Zwang zur glamourösen Inszenierung und auf kurze Aufmerksamkeitsspannen angelegten Profilierung, »Methoden, die bisher im Starsystem des Showbusiness beheimatet waren«[182].

Wie unser Beispiel zeigt, besteht die Gefahr, dass sich der kritische ›Twist‹, den man mittels »Subvertisement« der Werbeindustrie verpassen möchte, zu einem Kreis schließt. Die Zeitschrift *Adbusters*, die das Ideal der subversiven Werbung zu einem käuflichen Hochglanzprodukt machte und so Geld und Aufmerksamkeit für die Sache der Culture Jammer einbrachte, ist nicht nur ein Forum für frustrierte Werber, sondern auch Studienobjekt der Agenturen. Binnen kürzester Zeit wurden nicht nur Pointen und Ästhetiken wie der Plakat-Abriss-Look kopiert und ins Feld der Werbung zurückübertragen, sondern sogar ganze Kampagnen auf einer Anti-Identifikations-Logik aufgebaut, wie z.B. Sprite mit dem Slogan »Image ist nichts!«, die dem Getränk erstaunliche Zuwächse einbrachte. Das System der Kulturindustrie, so erkannten schon Max Horkheimer und Theodor W. Adorno in den 1940er Jahren, ist prinzipiell in der Lage, jede Gegenposition in seinem Sinne und zu seinen Zwecken zu vereinnahmen. In einem hat Barthes sicher noch recht: »Der Mythos kann alles erreichen, alles korrumpieren, sogar die Bewegung, durch die sich ihm etwas gerade entzieht [...].«[183] Insofern hier aber auch Bewusstsein verändert wurde und heute prominente Marken erfolgreich mit Arbeitsbedingungen, ökologischem Fußabdruck oder ihrem Frauenbild werben, lassen sich vielleicht auch auf diesem Umweg neue Gedanken in die Kultur einspeisen. Ohne solche Dynamiken der Absorption oder *Counter-Appropriation* und die daraus resultierende zunehmende Subtilität des Spiels auf der psychischen Klaviatur der Betrachter zu beachten, lässt sich der ganze Komplex jedenfalls kaum angemessen analysieren.

Literatur

Roland Barthes, *Mythen des Alltags*, Frankfurt/Main 2008.

Roland Barthes, »Rhetorik des Bildes«, in: ders., *Der entgegenkommende und der stumpfe Sinn*, Frankfurt/Main 2005, S. 28-46.

Christoph Behnke, »Culture Jamming und Reklametechnik«, in: *web journal* v. 25.2.04 [http://www.republicart.net/art/concept/pofrev_de.htm].

Guy Debord, *Die Gesellschaft des Spektakels*, Berlin 1996.

Thomas Frank, *The Conquest of Cool: Business Culture, Counterculture, and the Rise of Hip Consumerism*, Chicago/London 1997.

Stuart Hall, »Encoding/Decoding«, in: ders. u.a. (Hg.), *Culture, Media, Language*, London 2006, S. 128-138.

Andreas Hepp und Rainer Winter (Hg.), *Kultur – Medien – Macht. Cultural Studies und Medienanalyse*, 2. Aufl. Opladen/Wiesbaden 1999.

Tom Holert, »Bildfähigkeiten. Visuelle Kultur, Repräsentationskritik und Politik der Sichtbarkeit«, in: ders. (Hg.), *Imagineering. Visuelle Kultur und Politik der Sichtbarkeit* (=Jahresring 47), Köln 2000, S. 14-33.

Kalle Lasn, *Culture Jamming. Die Rückeroberung der Zeichen*, Leipzig 2005.

Christina Lutter und Markus Reisenleitner, *Cultural Studies. Eine Einführung*, 6. Aufl., Wien 2008.

Marita Sturken und Lisa Cartwright, *Practices of Looking. An Introduction to Visual Culture*, New York 2001, S. 10-70, 189-236.

9. Das wissenchaftliche Auge – Wahrnehmung und Wissenschaftsgeschichte

Abb. 11: Faksimile von Ludwik Fleck, »Patrzec, widziec, wiedziec«

Warum hat der polnische Biologe und Wissenschaftstheoretiker Ludwik Fleck ein weit geöffnetes Auge an den Anfang seines Aufsatzes »Schauen, Sehen, Wissen«[184] gestellt, in dem es um die Frage der Wahrnehmung im Alltag, aber auch in der Wissenschaft geht? Diese Aufnahme, bei der man nicht so recht sagen kann, ob es sich um eine Photographie oder eine detaillierte Zeichnung handelt, hat, so würde man vielleicht denken, erst einmal nichts in einem Aufsatz verloren, der sich auf mehr oder weniger abstrakte Weise mit einer psychologischen oder physiologischen bzw. wissenschaftshistorischen und -theoretischen Grundfrage beschäftigt. Wie lässt sich die Beziehung zwischen Wahrnehmung und Wissen beschreiben? Es scheint, als wolle Fleck eine visuelle und theoretische Irritation erzeugen, die den Leser, noch bevor er mit der Lektüre beginnt, auf das eigene Auge verweist. Er sieht sich durch ein Augen-Bild angesehen und ist durch diese visuelle Performanz zugleich Teil dessen, was im Folgenden verhandelt wird. Es geht offensichtlich auch um das eigene Auge, das umgekehrt das abgebildete in Augenschein nimmt. Der Betrachter wird angeschaut, um sich selber und seine eigene Wahrnehmung in den Blick zu nehmen – denn genau das geschieht unwillkürlich, ist aber vom Autor bewusst kalkuliert.

Nun steht im Aufsatz Flecks aber unter dem Bild der Kommentar: »Viele irrige Meinungen zerstreuen die Psychologie des Wahrnehmens und die Soziologie des Denkens.« Was könnte damit gemeint sein? Es scheint, als wolle das abgebildete Auge uns an die individuelle Wahrnehmung und ihre Regeln (mit denen sich die Wahrnehmungspsychologie beschäftigt) sowie an die kollektiven, gesellschaftlichen Bedingungen erinnern, unter denen diese zustande kommt. Das Auge markiert, so lässt sich Flecks visuelle Strategie verstehen, eine Schnittstelle von Individualität und Sozialität, ist individuell und kollektiv zugleich. Und weiter existieren offenbar in seinen Augen viele Irrmeinungen. Doch worüber? Immerhin wird das Programm deutlicher: Es geht Fleck um eine regelrechte Aufklärung des Auges in wissenschaftshistorischer und -theoretischer Sicht – Fleck ist einer der ersten Theoretiker, die die Wissenschaften in ihrer visuellen Verfasstheit kritisch zu bestimmen versucht haben. Wir blicken also einer regelrechten Begründung der Wissenschaftsgeschichte und -theorie als »visuelle Kultur« ins Auge.

Bei der fortgesetzten Lektüre wird der Leser mit einer weiteren Abbildung konfrontiert, zu deren Deutung er zugleich eingeladen wird.

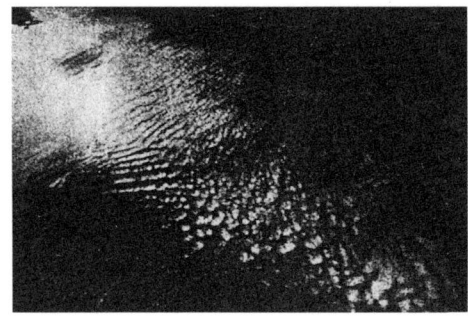

Abb. 12: Aufnahme aus Ludwik Fleck: »Schauen, Sehen, Wissen«

»Was sehen wir?« Das ist die berechtigte Frage angesichts dieser lichtschillernden photographischen Erscheinung. Und Fleck fährt fort mit einer vermeintlich naiven wie unmittelbaren Bildbeschreibung, die mögliche Deutungsoptionen auslotet: »Aus dem schwarzen Hintergrund tritt das Bild einer grauen, gekräuselten Fläche hervor. Einige Stellen sehen wie unebene Falten aus, andere wie dichtliegende Warzen, eine Stelle erinnert an Wellen einer trüben Flüssigkeit, andere an Rauchschwaden (vielleicht weil das Bild an dieser seitlichen Stelle unscharf ist). Es gibt eine Stelle ähnlich einem krausen Fell, aber ein Fell ist das nicht, weil keine Haare zu sehen sind. Was ist das also? Die Haut einer Kröte unter der Lupe oder Fragment aus einer Kultur jenes berühmten Pilzes, dem wir Penicillin verdanken? Vielleicht ist es eine Nahaufnahme des Nackens eines alten Gebirges?«[185]

Wir hätten dieses Bild wahrscheinlich anders gedeutet oder zumindest andere Optionen in Erwägung gezogen. Das liegt nicht zuletzt daran, dass Flecks Aufsatz 1947, also vor langer Zeit erschienen ist und er als Biologe und Wissenschaftstheoretiker über einen anderen Assoziationshaushalt verfügt und offenbar zunächst naturwissenschaftliche Deutungen in Erwägung zieht. Das ist aber natürlich nicht die Pointe seiner Überlegung. Ihm geht es erst einmal um das Ausloten einer Fülle von recht heterogenen, doch gleichwohl plausiblen Deutungsoptionen angesichts einer fraglos rätselhaften Aufnahme. Das Auge hatte uns angesehen, um uns zu irritieren. Nun blicken wir ein Photo an, das uns erneut und in anderer Weise irritieren soll. Es soll uns zuallererst vor Augen führen, dass wir es immer dann, wenn wir nicht wissen, um was es sich bei einer Abbildung handelt, mit einer Vielzahl von durchweg schlüssigen Deutungen zu tun haben.

Fleck löst das Rätsel dann aber auf: »Nein, das ist eine hervorragende Photographie einer Wolke von der Art des durch die Meteorologen bekannten *cirrocumulus*.«[186] Wenn wir nun wissen, worum es sich bei einer Aufnahme handelt, so betrachten wir diese mit einem Mal mit anderen Augen: »Wir sehen sofort die ungeheure Tiefe des Himmels, die große bauschige Wolke, deren veränderliche Struktur, im einzelnen an begrenzten Stellen unwichtig, als Ganzheit an einen Schafpelz erinnert.«[187] Das klingt einfach und plausibel, verwandelt sich aber im Kontext einer wissenschaftstheoretischen Überlegung rasch in eine Annahme mit zahlreichen Implikationen und nicht unerheblichen Konsequenzen. Die vermeintlich ›zahme‹ These ist, um das Bild Flecks aufzunehmen, ein Wolf im Schafspelz. Sie lautet, etwas zugespitzt formuliert, dass sich Wahrnehmungen immer – und das heißt auch im Bereich der Naturwissenschaften – bestimmten Voreinstellungen verdanken, die zahlreiche Optionen des wissenschaftlichen Handelns ein- bzw. ausschließen. Fleck führt hier zu Beginn seines Aufsatzes ein Experiment vor, das nicht nur auf die Alltagswahrnehmung, sondern eben auch auf die Beobachtung in wissenschaftlichen Experimenten zielt. Wir sehen, so seine These, immer nur das, was wir sehen wollen, und das, was wir sehen können. Und wenn wir als Einzelne etwas wahrnehmen, dann tun wir dies unvermeidlicherweise mit den Rastern, Filtern und Deutungsmustern eines Kollektivs. Wahrnehmung ist, mit anderen Worten, notwendigerweise kulturell codiert – und das auch in der Wissenschaft. »Wir schauen mit den eigenen Augen, aber wir sehen mit den Augen des Kollektivs Gestalten, dessen Sinn und Bereich zulässiger Transpositionen das Kollektiv geschaffen hat.«[188]

Übertragen auf die Frage einer *visuellen Kultur* der Naturwissenschaften skizziert Fleck hier eine dezidiert kulturalistische Deutung wissenschaftlicher Bilder. In seinem berühmten Buch *Entstehung und Entwicklung einer wissenschaftlichen Tatsache* hat er diese Theorie ausformuliert.[189] Darin verlegt er die kulturellen Vorgaben, die für die wissenschaftlichen Annahmen prägend sind, in die Wissensproduktion der Wissenschaft als solcher und liefert so eine Neubestimmung der Kategorie der Objektivität, die nicht als überzeitliche Gegebenheit, sondern als kulturelle Konstruktion verstanden wird: »Die Objektivität wissenschaftlicher Beobachtungen beruht einzig auf ihren Bindungen mit dem ganzen Vorrat an Wissen, Erfahrungen und traditionellen Gewohnheiten des wissenschaftlichen Denkkollektivs.«[190]

Fleck nennt diese Einbindung in Wissenspraktiken und Erkenntnismodelle »Denkstil«. Dieser ist seiner Auffassung nach entscheidend dafür, was ein Wissenschaftler wahrnimmt und wie er es wahrnimmt. Und er bestimmt auch die Regeln der Objektivität, die, das sei betont, keineswegs relativistisch, sondern eben kulturalistisch bestimmt werden. Wissenschaftliche Objektivität hat einen berechtigten und von Fleck keineswegs kritisierten Geltungsanspruch – aber eben einen mit einer begrenzten historischen, und man könnte ergänzen: auch sozialen Reichweite. Die diversen Apparate, die seit jeher die wissenschaftliche Anschauung und Bildgebung nicht nur unterstützen, sondern überhaupt erst ermöglichen, sind ihrerseits materiale Umsetzungen einer bestimmten, gezielten Art der Wahrnehmung: Sie sind gleichermaßen erkenntnisgeleitet wie wahrnehmungsleitend. Als materielle Produkte zuvor aufgestellter theoretischer Prämissen blenden sie nach Maßgabe dieser eingelagerten Vorurteile bestimmte Phänomene aus und machen andere wiederum überhaupt erst erkennbar. Zahlreiche wissenschaftliche ›Sehmaschinen‹ sind Erweiterungen der menschlichen Wahrnehmung und ermöglichen ein Mehr-Sehen, ein Sehen des Unsichtbaren. Hier lässt sich etwa an Mikroskope, Röntgengeräte, Verfahren wie das EEG oder EKG, Ultraschall-, CT-Aufnahmen bzw. endoskopische Bilder in der Medizin denken. Auch bei Astronomie und Biochemie handelt es sich um »bildbesessene«[191] Wissenschaften, die Erkenntnis über Bilder sammeln, welche von enorm voraussetzungsreichen Apparaturen und Programmen hervorgebracht werden. Der Kunstwissenschaftler und Bildtheoretiker James Elkins hat 2005 in Cork, Irland, eine Ausstellung organisiert, für die er Vertreter aller Disziplinen der Universität, an der er seinerzeit unterrichtete, um Beispiele ihrer Arbeit mit Bildern bat. Diese stellte er zusammen und ließ die Fachvertreter erklären, was es auf ihnen überhaupt zu sehen gebe, wie die Bilder zustande kommen und wie sie jeweils ganz konkret wissenschaftlich genutzt werden. Das Spektrum reicht dabei von Photomontagen (aus der Kunstgeschichte) und Aufnahmen mittels Immunofluoreszenz-Mikroskopie (in der Medizin) über Karten in der Archäologie und Geologie bis hin zu Radio-Frequenz-Aufnahmen aus der Astronomie, Spektrogrammen und Virus-Visualisierungen, um auch hier nur einige Beispiele zu nennen. Die allermeisten Bilder sind außerordentlich erläuterungsbedürftig, da sie ein wenig jener Aufnahme ähneln, die Fleck an den Anfang seines Aufsatzes gesetzt hat: Man weiß nicht recht, worum es sich überhaupt handeln könnte, oder aber, etwa im Falle der Aufnahmen von (mehr oder weniger weißen) Zähnen, abgeernteten Feldern oder Walflossen in Großaufnahme (und eben nicht jenen, die als Poster zahlreiche Wände füllen), was an einem solchen Bild überhaupt interessant sein und wofür es dienen könnte. In der Tat reicht das Spektrum von einer Dokumentation der Forschungsergebnisse – deren visuelle Aufbereitung enormen Einfluss auf die Überzeugungskraft der Ergebnisse und künftige Forschungsfinanzierungen haben kann – bis hin zur Ermöglichung der Forschung als solcher. Es gibt letztlich keinen Bereich der Wissenschaft, der ohne Bilder auskäme, und für viele sind sie schlicht essentiell. Ein Astronom oder Astrophysiker ist ohne die Bilder, die ihm die Apparate liefern, blind. Zugleich sind die Untersuchungsdaten, die in den Experimenten produziert werden, zumeist Bilder, die dank komplizierter Algorithmen entstehen, welche die Daten mehrfach verwandeln, filtern, ihnen Farben zuweisen, um am Ende nur das zu zeigen, was für die Wissenschaftler und ihre Experimente relevant ist. Wir sprechen diesen computergenerierten Bildern einen Realitätswert zu, auch wenn sie das Resultat eines komplizierten »mehrfachen Transferprozesses« sind, der abhängig von technischen Faktoren und subjektiven Auswahlkriterien ist.[192] Es ist deshalb, allein aus technologischen Gründen, »also relativ, wenn wir im Zusammenhang mit naturwissenschaftlicher Bildgebung von Objektivität sprechen«[193].

Das ist auch die Erkenntnis, auf die schon Fleck in seinem Aufsatz zielt. Er versucht deutlich zu machen, dass die Versuchsanordnungen wie auch die Vorannahmen, Überzeugungen, Theorien etc. entscheidend dafür sind, was überhaupt gesehen wird. »Der wissenschaftliche Apparat«, so Fleck, »lenkt das Denken auf die Gleise des Denkstils der Wissenschaft: Er erzeugt die Bereitschaft, bestimmte Gestalten zu sehen, wobei er gleichzeitig die Möglichkeit, andere zu sehen, beseitigt.«[194] Das gilt dann auch für die Bilder, die in höchst unterschiedlichen Formen die wissenschaftliche Forschung und die Präsentation ihrer Ergebnisse begleiten. Lorraine Daston und Peter Galison haben in ihrem Buch *Objektivität* nicht nur konstatiert, dass dieser für die Wissenschaften zentrale Begriff in ihrer Geschichte sehr unterschiedlich bestimmt und verstanden wird, sondern dies auch anhand von zahlreichen Bildbeispielen erläutert.[195] Mit den Theorien verändern sich die Bilder und umgekehrt: Auch mit den Bildern verändern sich die Theorien. Das ist eine der zentralen Thesen einer *Visual Culture* der (Natur-)Wissenschaften. Daston und Galison führen dies schlagend vor Augen, indem sie vor allem Atlanten und Bildbände, die zur Wissensvermittlung und deren Normierung und Standardisierung dienen, heranziehen. Die Darstellungen wandern hier etwa von naturgetreuen zu idealisierten Bildern, die aus verschiedenen, sehr unterschiedlichen Ansichten etwa von Schneeflocken, Kühen einer Rasse oder gesammelten Pilzen möglichst idealtypische Darstellungen zu erstellen suchen. Als solche beanspruchen sie, die Fülle der unterschiedlichen Erscheinungen zu repräsentieren. Mit Aufkommen der Photographie, so wird deutlich, verschiebt sich das Ideal der Objektivität in der Wissenschaftstheorie: Nun dient das Bildmedium der Photographie zugleich als Idealbild der Objektivität, die frei von subjektiver Einflussnahme zu sein hat. Das photographische Bild ist somit ein *epistemisches Modell* der wissenschaftlichen Praxis. Es ist nicht nur Ergebnis der Forschung, sondern gibt dieser ihre Erkenntnisregeln. Die mechanisch-apparativ hergestellten photographischen Bilder wurden zum Modell eines Konzepts der Objektivität, das die Subjektivität des Forschers zu verdrängen und systematisch auszuschließen versuchte. Es dominierte nun die Vorstellung, dass Photographien realistische, wahrheitsgetreue Bilder seien, die der »Zeichenstift der Natur« selbst ohne (störende) Einflussnahme des Menschen aufgezeichnet habe. Photographie wurde als ein besonderer Typ technischer Bilder aufgrund der Eigenschaften, die man ihm zuschrieb, zum Ideal der Forschung. Die Bilder und Metaphern, mit denen die Photographie in der Mitte des 19. Jahrhunderts beschrieben wurde (man sprach etwa von einem »Spiegel mit einem Gedächtnis«, von »Worten des Lichts« oder »vom Himmel gefallenen Abdrücken«),[196] wurden zum Idealtypus wissenschaftlicher Objektivität. Heute würden wir erhebliche Vorbehalte anmelden, was die Objektivität der Photographie anbetrifft – und das hat nicht nur mit dem Aufkommen der digitalen Technik zu tun, die eine Manipulierbarkeit der Bilder unaufwendig und zu einer weitverbreiteten Praxis macht. Photographien wurden nicht zuletzt gerade aufgrund der vermeintlichen unabweisbaren Evidenz des »ça-a-été«, des »Es-ist-so-gewesen«, wie Roland Barthes die Besonderheit der photographischen Gewissheit bezeichnet,[197] eingesetzt, um Manipulationen eine größere Überzeugung zu verschaffen. Das gilt nicht zuletzt auch für die Naturwissenschaft. Um nur ein Beispiel zu geben: Der Biologe Paul Kammerer wollte zu Beginn des 20. Jahrhunderts nachweisen, dass Umwelteinflüsse nicht nur zu dauerhaften Veränderungen in einem Organismus führen können, sondern diese dann auch vererblich sind.[198] Er nannte das »Vererbung erzwungener Eigenschaften«. Diese These war seinerzeit für die Orthodoxie der Genetik nicht hinnehmbar (heute hat sich die Akzeptanz dieser theoretischen Annahme deutlich verbessert) und wurde daher scharf kritisiert. In der Tat hatte Kammerer bei seinen Paradebeispielen – der Geburtshelferkröte und dem Feuersalamander – jeweils die in den Publikationen mit abgedruckten Photographien zu einer Bildmanipulation genutzt: Im einen Fall hatte er der Kröte Tinte injiziert, die auf der Photographie nicht als solche auszumachen war, im anderen hatte er mit starker Retusche gearbeitet. Die Photographien dienten ihm als kalkulierte Mittel einer visuellen Überzeugung, die eine absehbar feindliche Forschergemeinde umstimmen sollte. Und in der Tat konnte zumeist erst durch den Vergleich der Photographien mit den Tieren die Fälschung aufgedeckt werden.

Die Photographie diente hier wie seit jeher als Medium visueller Objektivität. Dagegen gerade ihre Geschichtlichkeit, Gemachtheit, kulturelle Codierung und historische wie diskursive Bedingtheit herauszustellen haben wir als eine der zentralen Strategien der *Visual-Culture*-Theorien kennengelernt. Objektive Evidenz erscheint vor diesem Horizont als ›akademischer Zwilling‹ des bereits problematisierten »Natürlichen«. Immer dann, wenn die Bilder vorgeblich von einem nüchternen, unbeteiligten und sachlichen »unschuldigen Auge« wahrgenommen und aufgezeichnet wurden, ist daran zu erinnern, dass das, was das Auge vermeintlich neutral wahrnimmt, »is dictated to it by an entire set of beliefs and desires and by a set of coded languages and generic apparatuses«[199]. Visuelle Kulturen der Naturwissenschaften herauszuarbeiten bedeutet dabei nicht, sich auf die Geschichte (und sei es eine Wissenschaftsgeschichte) der Bilder zu beschränken. Vielmehr muss der Versuch unternommen werden, Bilder – mit all dem, was in sie eingelagert ist – als Agenten der Geschichte zu verstehen und zu beschreiben. Bilder haben in der Wissenschaft eine theorieleitende, -bestimmende und -produzierende Funktion. Sie sind eben auch regelrechte Agenten der Theorie, die, wie etwa Charles Darwins Arbeit mit Bildern exemplarisch vor Augen führt, nicht selten erst durch die Möglichkeiten der Visualisierung bestimmte theoretische Annahmen denkbar machen. Julia Voss hat in ihrem Buch *Darwins Bilder* nicht nur dessen »unermüdliches Entwerfen, Umformen und Überarbeiten von Bildern«[200] herausgearbeitet, sondern dabei auch deutlich gemacht, dass mit Bildern »in der Geschichte Vorstellungsräume erschlossen werden, die zuvor undenkbar gewesen waren«[201]. Darwin konnte bestimmte Zusammenhänge (und auch etwa signifikante Differenzen) zwischen den Galapagosfinken nicht selten erst durch Bilder überhaupt erst erkennen. Was, so wäre zu fragen, leisten hier Bilder? Sie sind nicht nur Visualisierungsverfahren von Klassifikationen und Darstellungen von Zeitlichkeit, sondern dienen auch der Schulung der Beobachtung, der Erarbeitung von Theorien und last but not least der Didaxe. Sie geben nicht das Sichtbare wieder, sondern machen etwas sichtbar, so formuliert es Julia Voss in Anlehnung an eine Bemerkung Paul Klees. Man könnte also auch sagen: Sie produzieren (wissenschaftliche) Evidenz. Evident ist etwas, das vor Augen steht, wie schon die Etymologie des Wortes vom lateinischen *videre* besagt.[202] Es liegt nahe, ausgehend von der kulturellen Bedingtheit der Bilder auch visuell produzierte Evidenz nicht als ein zwingend sich einstellendes Offenbarwerden misszuverstehen. Diese Sensibilisierung wäre umso wünschenswerter, als der Evidenzbegriff seinerseits oft dazu dient, weitere Nachfragen oder Begründungen für überflüssig zu erklären. Doch zurück zum Beispiel: Man kann anhand der Tagebuchaufzeichnungen Darwins deutlich aufzeigen, wie ihm visuelle Diagramme dazu dienten, geschichtliche Prozesse überhaupt erst vorstellbar und konzeptualisierbar zu machen. Theorie bedarf der *theoria*, der Anschauung. Sie ermöglichte in diesem Falle eine Assoziation von Ordnung, die im Wortsinn festgestellt wird, sowie von Leben, Entwicklung und Geschichte, also Prozessen und Abläufen. »Das Medium, in dem sich die Ordnung des Lebendigen zeigen sollte, war das Bild.«[203] Dieses zeigte eine neue Ordnung der Natur.

Infolge Darwins sollte sich nicht nur das Bild der Natur verändern; vielmehr sind es die Bilder der Evolution – und das ist hier ganz wörtlich zu nehmen –, die die Theorien der Naturwissenschaftler nicht nur begleiten, sondern prägen. Das wohl berühmteste Beispiel ist der in der Zeit um die Jahrhundertwende überaus populäre Biologe Ernst Haeckel, der in seinem Buch *Kunstformen der Natur* wunderschöne farbige Bilder vorlegt, die voller Symmetrien und Ordnungen, Strukturen und ästhetisch reizvoller Gestalten sind.[204] Haeckel nahm die Natur als ein Reich solcher visueller Ordnungen wahr und brachte dies auf die Formel *Die Natur als Künstlerin*, mit der er dann auch eines seiner Bücher überschrieb.[205] In einem jeden Naturwesen fand er jene Gesetze angelegt, die der Natur insgesamt zugrunde liegen sollten. Und so feiern die Bilder ein schematisiertes Reich der Formen und Ordnungen, das, einmal entdeckt und in opulente Zeichnungen gebannt, auch wieder von der Kunst entdeckt werden sollte. Solche Abhängigkeiten und Verflechtungen sind typisch für die gesellschaftliche Leitfunktion der Naturwissenschaften und eine weitere Facette des Plurals in »Visuelle Kulturen«. Die Kunst kann »ihre Natur in den Bildern der Wissenschaft«[206] finden. Haeckels Radiolarien und Medusen, Schnecken und Muscheln, Kieselalgen und Pflanzensamen zeigen eine visuelle Ordnung der Natur, die, so seine Vorstellung und seine Darstellung, vom Mikro- bis hin zum Makrokosmos reicht. Und wir können und sollen diese allumfassende Ordnung sehen, wenn wir die Abbildungen in den opulent gestalteten Büchern betrachten.

Auch Ludwik Flecks Wolkenaufnahme eröffnet eine Fülle weiterer Möglichkeiten, die Frage einer visuellen Kultur auszubuchstabieren. Auf der einen Seite könnte man eine Geschichte der sogenannten Nephologie, der Wissenschaft von den Wolken, rekonstruieren, die erst Anfang des 19. Jahrhunderts begründet wurde und allmählich in dem diffusen, »wolkigen« Erscheinungsbild der Naturphänomene Gesetzmäßigkeiten ermittelte, welche dann in Gestalt eines internationalen Wolkenatlas wahrnehmungsleitend wurden. Erst durch die Bilder wurde hier erneut eine gezielte Systematisierung und Erforschung mitsamt den sich daraus ergebenden Anwendungsbereichen möglich. Auf der anderen Seite hatte diese visuelle wissenschaftliche Erkundung der Wolken Auswirkungen auf die Kunst und ihre Darstellungskonventionen. Wolkenphotographien wurden auch als Vorlagen für Künstler angefertigt, die ihrerseits die »natürlichen« Darstellungen nutzten, um höchst komplexe Bilder der Natur zu zeichnen, welche ein immenses kunstgeschichtliches Spektrum abdecken: Von der Romantik bis hin zur Moderne werden Wolken mal als Spiegel der subjektiven Empfindungen und als Bild der Einheit oder Erhabenheit, mal als Zeichen der Kontingenz oder als Möglichkeit der Abstraktion gesehen.[207] Von der wissenschaftlichen Visualisierung über die Kunst bis in den affektiv besetzten Metaphernhaushalt – an einem solchen historischen Fall wird, wie auch bei aktuellen Klimadebatten mit ihren signalfarbigen Diagrammen und Eisbärbildern, die Zirkulation der Bilder zwischen diversen visuellen Kulturen deutlich. Die übergreifende Wirkmacht insbesondere naturwissenschaftlicher Visualisierungen ist dabei nicht zu unterschätzen. Und für alle Bereiche mag gelten, was Ludwik Fleck in einem weiteren Aufsatz über Beobachtung pointiert formuliert: »Sehen heißt: im entsprechenden Moment das Bild nachzubilden, das die Denkgemeinschaft geschaffen hat, der man angehört.«[208]

Literatur

Andreas Beyer und Markus Lohoff (Hg.), *Bild und Erkenntnis. Formen und Funktionen des Bildes in Wissenschaft und Technik*, München 2006.

Olaf Breidbach, *Bilder des Wissens. Zur Kulturgeschichte der wissenschaftlichen Wahrnehmung*, München 2005.

Lisa Cartwright, *Screening the Body. Tracing Medicine's Visual Culture*, Minneapolis und London 1995.

Lorraine Daston und Peter Galison, *Objektivität*, Frankfurt/Main 2007.

Fotografie und das Unsichtbare 1840-1900, Ausstellungskatalog Albertina Wien, Wien 2009.

James Elkins (Hg.), *Visual Practices Across the University*, München 2007.

Dominik Gross und Stefanie Westermann (Hg.), *Vom Bild zur Erkenntnis. Visualisierungskonzepte in den Wissenschaften*, Kassel 2007.

Martin Kemp, *Bilderwissen. Die Anschaulichkeit naturwissenschaftlicher Phänomene*, Köln 2003.

Klaus Sachs-Hombach (Hg.), *Bildwissenschaft. Disziplinen, Themen, Methoden*, Frankfurt/Main 2005.

Jennifer Tucker, *Nature Exposed. Photography as Eyewitness in Victorian Science*, Baltimore 2005.

Julia Voss, *Darwins Bilder. Ansichten der Evolutionstheorie 1837-1874*, Frankfurt/Main 2007.

10. Schluss: Visual Culture als Forschungsfeld

Visual Culture Studies – warum ist ein solches Fach in der deutschsprachigen akademischen Landschaft kaum institutionalisiert? Handelt es sich um einen blinden Fleck der etablierten Fächer? Und locken überhaupt neue Fragen, neue Antworten, neue Einsichten in unbekannte Zusammenhänge? Die in dieser Einführung referierten Ansätze, Theoreme, Perspektiven sind tatsächlich schwerlich in einer einzigen der im deutschsprachigen Raum historisch gewachsenen geistes- oder sozialwissenschaftlichen Disziplinen zu verorten. Sie sind zu weiten Teilen das Ergebnis interdisziplinärer Offenheit bzw. transdisziplinären Theorietransfers. Diese Offenheit jedoch besteht in den Fächern Kunstwissenschaft/Kunstgeschichte, Medienwissenschaft, Soziologie sowie den Literaturwissenschaften heute in aller Regel. Auch Geschichte und Politikwissenschaft zeigen durchaus Interessen über ihre tradierten Fachgrenzen hinaus, nicht zuletzt im Zeichen des Visuellen. Sobald ein kulturwissenschaftliches oder medientheoretisches Interesse entsteht, werden in diesen Fächern auch Theoretiker aus anderen Feldern gelesen und wird über entsprechende Fragen und Gegenstände in neuer Weise nachgedacht. Alle genannten Fächer zeichnen sich inzwischen durch eine derartige Heterogenität der Methoden und Forschungsfragen aus, dass sich innerhalb dieser Fächer nur schwer ein fachlicher Konsens finden ließe, wann denn der eigene Zuständigkeitsbereich definitiv überschritten sei. Bestimmte Schulen oder Forschungsgebiete eines Fachs sprechen dabei zuweilen eher die Sprache einer anderen Disziplin als diejenige, die für bestimmte kanonische Felder des eigenen Fachs Geltung hatte oder vielleicht sogar noch hat. Man denke nur an kunstwissenschaftliche Forschungen zu aktueller, an Politik oder sozialen Problemen orientierter Kunst oder Forschungen an der Schnittstelle von Soziologie und Literaturwissenschaft bzw. (Medien-)Geschichte. Die Medienwissenschaft stellt ohnehin eine Art Metadisziplin dar – in Deutschland ist sie ein Label, unter dessen weitem Dach so verschiedene Zugänge wie empirische Medienforschung, Kommunikationswissenschaft, Publizistik, Technikgeschichte und Medienästhetik, also etwa die Analyse von Filmen oder Videospielen, vereint sind. Und man könnte das Spektrum noch problemlos um Medienphilosophie, Mediensoziologie oder bestimmte Bereiche der Informatik erweitern. Dazu hat sich, wie bereits in der Einleitung zu diesem Band und Kapitel vier skizziert, ein die Fächer überspannendes Interesse am Bild gesellt, das seit knapp zwei Jahrzehnten unter dem Label »Bildwissenschaft(en)« neue Fragen und Kooperationen zwischen den Fächern anregt.[209] Gerade für die Kunstwissenschaft ist durch diese Tendenz eine Rückbesinnung auf eigene Traditionen der Kanonerweiterung sowie eine wachsende Offenheit für neue Gegenstände und Fragestellungen entstanden.

Vor diesem Hintergrund wird deutlich, dass es eines institutionalisierten Fachs *Visual Culture* im deutschsprachigen Raum nicht bedarf. Nicht nur die in diesem Buch zitierte deutschsprachige Forschungsliteratur belegt dies, sondern es ließen sich auch bestimmte Komplexe oder sogar ganze Kapitel dieses Buches problemlos innerhalb eines etablierten Fachs positionieren. Das heißt umgekehrt allerdings nicht, dass die im Bereich der *Visual Culture* aufgeworfenen Fragen obsolet, überflüssig oder komplett deckungsgleich mit bestimmten Forschungsfeldern dieser Fächer wären. Im Gegenteil: Die Frage der Visualität, die jene der Bilder programmatisch überschreitet, umfasst alle wichtigen *turns* der letzten Jahre (cultural, iconic, historic, spatial etc.) gleichermaßen und gibt ihnen einen weiteren kulturkritischen Dreh. Sie zu verfolgen bedeutet deshalb, auch bei historischen Fragestellungen den Bezug zur Gegenwart, ihrer Analyse und Diagnostik explizit herzustellen. Daher auch die ungebrochene Attraktivität und Akzeptanz dieser Deutungsperspektive von Kultur.

Gleichwohl stellt sich die Frage, weshalb es in den angelsächsischen Ländern, insbesondere in den USA, offenbar eines richtiggehenden Paradigmenwechsels mit neuen Fächerbezeichnungen und Studiengängen bedurfte.

Eine erste Hypothese: In den Vereinigten Staaten hat es keine Medienwissenschaft in der Form gegeben, wie sie sich in Europa mittlerweile auch institutionell gebildet hat. Das hat einerseits damit zu tun, dass es dort keine allgemeine Medienwissenschaft gab, die sich in Deutschland mit den Positionen u.a. von Norbert Bolz, Vilém Flusser, Friedrich Kittler und Paul Virilio durchsetzte. Was hier jedoch als Bruch mit den traditionellen Disziplinen (und insbesondere mit den Geisteswissenschaften) inszeniert und durchgesetzt wurde, fand dort eher im Kontext etablierter Forschungsfelder statt, gewann dadurch aber auch kein eigenes Profil. Die *Visual Culture Studies* können also als der Versuch verstanden werden, in anderer Weise ein Forschungsfeld zu etablieren, das bestimmte Bereiche der Medienwissenschaften (aber keineswegs alle) integriert. Die Akzentsetzungen sind dabei – wie in den verschiedenen Kapiteln wohl hinreichend deutlich wurde – dezidiert andere.

Eine zweite Hypothese: Bei dem Versuch, in einer multikulturell geprägten Gesellschaft an ihrem etablierten Kanon und damit einer Hochkunst alteuropäischer Prägung festzuhalten, stand die Kunstgeschichte in den USA unter einem weitaus größeren Druck als im kulturell homogeneren Umfeld Europas. In einem traditionell für das Visuelle zuständigen Fach musste die Marginalisierung anderer Kunsttraditionen bzw. visueller Repräsentationen besonders auffällig werden. Angesichts der Vielfalt der Kulturen und der genuinen (populär-)kulturellen Entwicklungen nach Gründung der USA erscheint ein Festhalten am alteuropäischen Kanon, der ja die großen Erzählungen, die Methoden und auch die Museumsbestände des Fachs Kunstgeschichte prägt, dort als krasse Form des Snobismus und der Diskriminierung. Weißer Marmor mit olympischen Göttern, die Selbstdarstellung italienischer Adliger oder patrizischer Stadtkultur, niederländische Darstellungen von Bürgerlichkeit und Kulturlandschaften – was in Europa mehr oder minder kollektiv geteilte Geschichte ist, stellt in den USA nur *eine*, überrepräsentierte Traditionslinie der gegenwärtigen Gesellschaft dar. Eine solche Gesellschaft muss aufgrund ihrer gewachsenen Vielfalt, ihrer faktischen Ungleichheiten und der daraus resultierenden politischen Probleme in besonderer Weise gefordert sein, Wege zu suchen, gerade im Bereich des Visuellen – das über Sprachgrenzen und dank der Massenmedien auch über Milieus hinweg Wirkung entfaltet – Prozesse der Ausgrenzung und Unterdrückung bzw. umgekehrt der gerechten Teilhabe in den Mittelpunkt zu stellen. Sie muss mit besonderer Dringlichkeit nach Mitteln suchen, mit denen sich die aktuell in ihr wirkenden Tendenzen und Dynamiken analysieren lassen. Insofern lässt sich die Etablierung von *Visual Culture (Studies)* als konsequente Fortführung einer in den 1980er Jahren mit *New Art History* betitelten Tendenz der Kunstgeschichte zur gesellschaftlichen Verpflichtung, aber auch der ideologiekritischen Nabelschau verstehen, die nach '68 einsetzte. Hier begann man bereits, »den Kanon der Forschungsgegenstände medial und geographisch zu erweitern, das ›autonome‹ Kunstwerk im Kontext seiner sozialgeschichtlichen und anthropologischen Funktionen zu betrachten und sowohl den Positivismus wie auch den Idealismus der älteren Schulen zu überwinden«[210].

Ging es zunächst um eine Form der Ergänzung und Erweiterung klassischer Kunstgeschichte, so ist es – angesichts der skizzierten Umstände wenig verwunderlich – vielerorts auch zu wissenschaftspolitischen Verdrängungsprozessen gekommen und *Visual Culture* hat sich als Konkurrent der klassischen Kunstgeschichte etabliert. An den nicht immer nur begeisterten Reaktionen darauf lässt sich ablesen, wo die Probleme des neuen Fachs liegen. Ein häufiger wiederholter Vorwurf ist, dass ein gewisser Dilettantismus Einzug halte, wenn klassische Gegenstandsgrenzen fallen. Unter dem Stichwort »De-Skilling« wird die Erosion fachspezifischer Kenntnisse und Sensibilitäten beklagt. Und in der Tat birgt das neue Paradigma aufgrund seiner Herkunft aus den *Cultural Studies* die Gefahr, bei unreflektierter Übertragung des gesellschaftsanalytischen Instrumentariums die Besonderheiten visueller Phänomene und insbesondere der Bilder zu verfehlen. Denn auch wenn dieser Gefahr durch neue Methoden und Theoreme begegnet werden konnte – die umfassendere Frage, die sich hier stellt, lautet: Was muss man wissen und was können, um sich fürs Visuelle schlechthin zuständig fühlen zu dürfen? Wie entgeht ein Fach ohne festen Gegenstandsbereich der totalen Beliebigkeit? Es scheint durchaus bedenkenswert, ob bestimmte interdisziplinäre Felder nicht besser von der Grundlage spezifischer disziplinärer Curricula her in Angriff genommen werden sollten.

Bereits 2003 hat James Elkins in seinem Buch *Visual Studies. A Skeptical Introduction* eine Liste mit zehn Vorschlägen zusammengestellt, um *Visual Studies* »more difficult«, sprich komplexer zu gestalten. Die Vorschläge reichen von einem kritischeren Umgang mit der marxistischen Tradition und kanonischen Texten von Benjamin, Foucault oder Warburg über die ernsthafte

Auseinandersetzung mit der Bildproduktion in den Naturwissenschaften und die Forderung nach strenger Historisierung bis hin zur Frage der Multikulturalität und der wissenschaftlich konkurrenz- wie diskursfähigen Form der Theoriebildung. Viele dieser Anregungen sind durch das *crossover* der Disziplinen und nicht zuletzt durch die Ergänzungen aus den Bildwissenschaften längst umgesetzt worden. Auch Elkins' Vorwurf, dass die *Visual Studies* nichts zur Analyse von 9/11 beigetragen hätten, haben Studien wie jene von Clément Chéroux oder W.J.T. Mitchell widerlegt.[211]

Wenn man heute von *Visual Culture* spricht, so hat sich eine Art Morphogenese, ihr Gestaltwandel längst vollzogen. Und auch wenn sich die *Visual Cultures Studies* hierzulande als Disziplin nicht durchgesetzt haben und wohl auch nicht werden, sind sie gleichwohl längst in anderer Weise präsent. Wir finden sie in der Bildsoziologie, der Wissenschaftsgeschichte, den Literatur-, Medien-, Kunst- und Bildwissenschaften, in kleineren Teilen der Philosophie und auch der Ethnologie. Dementsprechend sollte es nicht darum gehen, das, was sich in den angloamerikanischen Ländern als eigenständige Disziplin herausgebildet hat, einfach umzuetikettieren und kurzerhand zu übertragen, sondern eher darum, ihre Fragen und Anregungen aufzunehmen. Dazu gehört nicht zuletzt die Ausweitung des Feldes des Visuellen, das sich nicht auf Bilder beschränkt, sondern eine Fülle von weiteren Dimensionen kultureller Sichtbarkeit in den Blick nimmt: Gender-Aspekte, die Frage des Postkolonialismus bzw. der Repräsentation von Minoritäten, die Geschichte der Wahrnehmung, die Untersuchung der Bildproduktion in den Naturwissenschaften, die politische bzw. ideologische Funktion des Visuellen, Aspekte der Macht und viele andere mehr, die in den vorangehenden Kapiteln skizziert wurden.

Im Bereich der *Visual Culture* sollten wir dabei ebenso wie in jenem der Bildwissenschaften der Gefahr eines »*Visual Essentialism*«[212] begegnen, einer willkürlichen neuen Grenzziehung ums Visuelle herum, die in den Bildern wie im Bereich des Visuellen mitunter eine neue, wesentliche Quelle des Sinns, der Bedeutungen und der Kultur erblickt und die Bezüge zum Nicht-Visuellen, insbesondere zu Texten, aus den Augen verliert. Die Anregung der *Visual Culture* besteht hingegen darin, Bilder und Visualität als komplexe *kulturelle Konstruktionen* anzusehen, d.h. eine Perspektivenveränderung vorzunehmen. Es geht nicht darum, alles im Maelstrom des Visuellen oder der Bilder verschwinden zu lassen, sondern das Visuelle und die Visualität als ebenso erhellende wie kritisch-konstruktive Möglichkeit kulturwissenschaftlicher Forschung zu erkennen. Das hat auch Konsequenzen für die etablierten Wissenschaftsdisziplinen, die hier deutliche und auch wichtige Erweiterungen bzw. Verknüpfungen erfahren. Wenn dieser Band Wege dahin weist, hat er sein Ziel erreicht.

Literatur

Mieke Bal, »Visual Essentialism and the Object of Visual Culture«, in: *Journal of Visual Culture*, Jg. 1/2 (2003), S. 5-32.

Diedrich Diederichsen, »Visual Culture«, in: Hubertus Butin (Hg.), *DuMonts Begriffslexikon zur zeitgenössischen Kunst*, Köln 2002, S. 300-302.

Margaret Dikovitskaya, *Visual Culture. The Study of the Visual after the Cultural Turn*, Cambridge/Mass. und London 2006, bes. S. 64-118.

James Elkins, *Visual Studies. A Skeptical Introduction*, New York und London 2003.

Gustav Frank und Barbara Lange, *Einführung in die Bildwissenschaft. Bilder in der visuellen Kultur*, Darmstadt 2010.

Andrew Hemingway und Norbert Schneider (Hg.), *Bildwissenschaft und Visual Culture Studies in der Diskussion* (= Kunst und Politik. Jahrbuch der Guernica-Gesellschaft 10), Göttingen 2008.

W.J.T. Mitchell, »Das Sehen zeigen: Eine Kritik der Visuellen Kultur«, in: ders., *Bildtheorie*, hg. v. Gustav Frank, Frankfurt/Main 2008, S. 312-343.

Susanne von Falkenhausen, »Verzwickte Verwandtschaftsverhältnisse: Kunstgeschichte, Visual Culture, Bildwissenschaft«, in: Philine Helas u.a. (Hg.), *Bild/Geschichte. Festschrift für Horst Bredekamp*, Berlin 2007, S. 3-14.

»Questionnaire on Visual Culture«, in: *October*, Sommer 1996 (Sonderheft der Zeitschrift).

Anmerkungen

1 Hier ist auch an den unterschwelligen Bild-Animismus zu erinnern, wie ihn W.J.T. Mitchell in seinem Aufsatz »What do pictures want?« (dt. »Was will das Bild?«, in: ders., *Das Leben der Bilder, Eine Theorie der visuellen Kultur*, München 2008, S. 47-77) in einer doppelten Bewegung der Zuspitzung und Kritik reflektiert. Zum Fetisch-Begriff in den Kulturwissenschaften vgl. Hartmut Böhme, *Fetischismus und Kultur. Eine andere Theorie der Moderne*, Reinbek bei Hamburg 2006.

2 Walter Benjamin, *Das Kunstwerk im Zeitalter seiner technischen Reproduzierbarkeit* (= Suhrkamp Studienbibliothek 1), Frankfurt/Main 2007, S. 14.

3 Ebd.

4 Hartmut Böhme, »Vom Cultus zur Kultur(wissenschaft). Zur historischen Semantik des Kulturbegriffs«, in: Renate Glaser und Matthias Luserke (Hg.), *Kulturwissenschaft – Literaturwissenschaft: Positionen, Themen, Perspektiven*, Wiesbaden 1996, S. 48-68, S. 53.

5 Aleida Assmann, *Einführung in die Kulturwissenschaft. Grundbegriffe, Themen, Fragestellungen*, 3., neu bearbeitete Aufl., Berlin 2011, S. 14.

6 Samuel P. Huntington, *Kampf der Kulturen. Die Neugestaltung der Weltpolitik im 21. Jahrhundert*, München 2002, S. 331.

7 Solche Prozesse hat insbesondere der Kultursemiotiker Juri Lotman betont. Vgl. Jurij M. Lotman, »Über die Semiosphäre«, in: *Zeitschrift für Semiotik*, Jg. 12 (1990), Heft 4, S. 287-305. Vgl. auch ders., *Kultur und Explosion*, Frankfurt/Main 2010.

8 Empfehlenswert ist die Einführung von Perdita Rösch: *Aby Warburg*, Stuttgart 2010.

9 Clifford Geertz, *Dichte Beschreibung. Beiträge zum Verstehen kultureller Systeme*, Frankfurt/Main 1983, S. 9.

10 Stephen Greenblatt, »Kultur«, in: Moritz Baßler (Hg.), *New Historicism. Literaturgeschichte als Poetik der Kultur*, 2. Aufl., Tübingen/Basel 2001, S. 48-59.

11 W.J.T. Mitchell, »Das Sehen zeigen: Eine Kritik der Visuellen Kultur«, in: ders., *Bildtheorie*, hg. v. Gustav Frank, Frankfurt/Main 2008, S. 312-343, S. 323.
12 Assmann, *Einführung in die Kulturwissenschaft*, S. 13.
13 Vgl. dazu Klaus P. Hansens Einleitung in: ders. (Hg.), *Kulturbegriff und Methode. Der stille Paradigmenwechsel in den Geisteswissenschaften*, Tübingen 1993, S. 7-15.
14 Aus diesem Kontext ist zuletzt die instruktive Einführung von Sigrid Schade und Silke Wenk entstanden: *Studien zur visuellen Kultur. Einführung in ein transdisziplinäres Forschungsfeld* (= Studien zur visuellen Kultur 8), Bielefeld 2011.
15 Mitchell, »Das Sehen zeigen«, S. 316.
16 Vgl. Andrew Hemingway, »From Cultural Studies to Visual Culture Studies: An Historical and Political Critique«, in: ders. und Norbert Schneider (Hg.), *Bildwissenschaft und Visual Culture Studies in der Diskussion* (= *Kunst und Politik. Jahrbuch der Guernica-Gesellschaft* 10), Göttingen 2008, S. 11-19, S. 12.
17 Vgl. Stuart Hall, »Introduction«, in: ders. (Hg.), *Representation: Cultural Representations and Signifying Practices (Culture, Media, and Identities)*, London 1997, S. 1-12.
18 Vgl. hierzu die an Forschungsprofilen ausgerichtete Darstellung von Margaret Dikovitskaya, *Visual Culture. The Study of the Visual after the Cultural Turn*, Cambridge/Mass. 2005.
19 Vgl. Nicholas Mirzoeff, *An Introduction to Visual Culture*, London und New York 1999, bes. S. 1-7.
20 Jessica Evans und Stuart Hall, »What is Visual Culture?«, in: dies. (Hg.), *Visual Culture: The Reader*, London/New Delhi 1999, S. 1-7, S. 3.
21 Vgl. James Elkins, *Visual Studies. A Sceptical Introduction*, New York und London 2003, S. 125-195; W.J.T. Mitchell, »Was ist Visuelle Kultur?«, in: ders., *Bildtheorie*, Frankfurt/Main 2008, S. 237-261.
22 Die folgenden Aspekte entstammen Irit Rogoff, »Studying Visual Culture«, in: Nicholas Mirzoeff (Hg.), *The Visual Culture Reader*, London und New York 1998, S. 14-26.
23 Vgl. ebd., S. 14.
24 Vgl. ebd., S. 16.
25 Mirzoeff, *An Introduction to Visual Culture*, S. 5.

26 Besonders die Aporien bei der Beobachtung von Kultur reflektierend: Dirk Baecker, *Wozu Kultur?*, Berlin 2001.
27 Vgl. Gosbert Schüssler, »Das göttliche Sonnenauge über den Sündern. Zur Deutung der ›Mesa de los pecados mortales‹ des Hieronymus Bosch«, in: *Münchner Jahrbuch der bildenden Kunst*, Dritte Folge, Bd. 44 (1993), S. 118-150.
28 Schüssler (Ebd., S. 126) argumentiert nicht recht überzeugend gegen die häufig vertretene These, dass sich die Sünden symbolisch mit im Auge befinden, z.B. wegen fehlender Spiegelverkehrungen.
29 Obere Inschrift (Abkürzungen aufgelöst): *Gens absque consilio est sine prudentia. Utinam saperent et intelligerent et novissima providerent*; untere: *Abscondam faciem meam ab eis considerabo novissima eorum*. Die Übersetzungen folgen Thomas Lentes, »Der göttliche Blick. Hieronymus Boschs *Todsündentafel* – eine Einübung ins Sehen«, in: David Ganz und ders. (Hg.), *Sehen und Sakralität in der Vormoderne* (= KultBild 4), Berlin 2011, S. 20-34.
30 Guillaume de Deguileville, *Boeck van den pelgherym*, auf Holländisch gedruckt 1486, frz. Original von 1335. Übersetzung zitiert nach Roger H. Marijnissen, *Hieronymus Bosch. Das vollständige Werk*. Köln 2002, S. 333.
31 Walter S. Gibson, »Hieronymus Bosch and the Mirror of Man. The Autorship and Iconography of the Tabletop of the Seven Deadly Sins«, in: *Oud Holland*, Jg. 87 (1973), S. 205-226, S. 222.
32 Nikolaus von Kues, *Vom Sehen Gottes. Ein Buch mystischer Betrachtung*, Übers. von Dietlind und Wilhelm Dupré, mit einem Nachwort von Alois M. Haas, Zürich 1987, S. 24.
33 1 Kor 13,12: »Jetzt schauen wir in einen Spiegel und sehen nur rätselhafte Umrisse, dann aber schauen wir von Angesicht zu Angesicht. Jetzt erkenne ich unvollkommen, dann aber werde ich durch und durch erkennen, so wie ich auch durch und durch erkannt worden bin.«
34 Vgl. dazu Suzannah Biernoff, *Sight and Embodiment in the Middle Ages*, Basingstoke 2002.
35 Silke Tammen, »Sehen und Bildwahrnehmung im Mittelalter«, in: Ulrich Pfisterer (Hg.), *Metzler Lexikon Kunstwissenschaft. Ideen, Methoden, Begriffe*, Stuttgart und Weimar 2003, S. 380-385, 380 f.

36 *Quid enim est tam efficax ad curanda conscientiae vulnera, necnon ad purgandam mentis aciem, quam Christi vulnerum sedula meditatio?* Pseudo-Bonaventura, *Meditationes Vitae Christi*, in: Bonaventura, *Opera Omnia*, Bd. 12, hg. v. A. C. Peltier, Paris 1868, S. 576b; Übersetzung nach Thomas Lentes, »Inneres Auge, äußerer Blick und heilige Schau. Ein Diskussionsbeitrag zur visuellen Praxis in Frömmigkeit und Moraldidaxe des späten Mittelalters«, in: Klaus Schreiner, *Frömmigkeit im Mittelalter. Politisch-soziale Kontexte, visuelle Praxis, körperliche Ausdrucksformen*, München 2002, S. 179-219, S. 182.
37 Vgl. mit Bezug auf die Anthropologin Mary Douglas: Andréa Belliger und David J. Krieger (Hg.), *Ritualtheorien. Ein einführendes Handbuch*, 4. Aufl., Wiesbaden 2008, S. 16 f.
38 Vgl. Lentes, »Der göttliche Blick. Hieronymus Boschs Todsündentafel – eine Einübung ins Sehen«, S. 24.
39 Louis Althusser, *Ideologie und ideologische Staatsapparate. Aufsätze zur marxistischen Theorie*, Hamburg u.a. 1977, S. 133.
40 Ebd., S. 142.
41 Vgl. ebd., S. 141.
42 Vgl. ebd., S. 143.
43 Althusser, *Ideologie und ideologische Staatsapparate*, S. 145.
44 Ebd., S. 146.
45 Vgl. Schüssler, »Das göttliche Sonnenauge«, S. 126 f.
46 Ebd., 147.
47 Kathryn Starkey, »Visual Culture and the German Middle Ages«, in: dies. und Horst Wenzel (Hg.), *Visual Culture and the German Middle Ages*, New York und Basingstoke 2005, S. 1-12, bes. S. 2.
48 Roman Leuthner, *Nackt duschen streng verboten. Die verrücktesten Gesetze der Welt*, München 2009, S. 25.
49 Cynthia Hahn, »VISIO DEI. Changes in Medieval Visuality«, in: Robert S. Nelson (Hg.), *Visuality before and beyond the Renaissance. Seeing as Others Saw*, Cambridge 2000, S. 169-196, bes. S. 169.
50 Den Anstoß gab Anton L. Mayer, »Die heilbringende Schau in Sitte und Kult«, in: Odo Casel (Hg.), *Heilige Überlieferung. Ausschnitte aus der Geschichte des Mönchtums und des heiligen Kults*, Münster 1938, S. 235-262; Kritik etwa bei Norbert Schnitzler, »Illusion, Täuschung und schöner Schein. Probleme der Bildverehrung im späten Mittelalter«, in: Klaus Schreiner, *Frömmigkeit im Mittelalter. Politisch-soziale Kontex-*

te, visuelle Praxis, körperliche Ausdrucksformen, München 2002, S. 221-242.

51 Barbara Newman, »Die visionären Texte und visuellen Welten religiöser Frauen«, in: *Krone und Schleier: Kunst aus mittelalterlichen Frauenklöstern*. Ausstellungskatalog, hg. von der Kunst- und Ausstellungshalle der Bundesrepublik Deutschland, Bonn, S. 105-117, S. 105.

52 Keith Moxey, »Hieronymus Bosch and the ›World Upside Down‹: The Case of The Garden of Earthly Delights«, in: Norman Bryson, Michael Ann Holly und ders. (Hg.), *Visual Culture: Images and Interpretations*, Hanover und London 1994, S. 104-140.

53 Dieter Mersch, *Medientheorien zur Einführung*, Hamburg 2006, S. 55.

54 Ernst Cassirer, *Philosophie der symbolischen Formen. Zweiter Teil: Das mythische Denken*, Hamburg 2010, S. 235.

55 Ders., *Versuch über den Menschen*, Hamburg 2007, S. 345.

56 Mitchell, *Bildtheorie*, S. 131 f.

57 Hans Belting, *Florenz und Bagdad: Eine westöstliche Geschichte des Blicks*, München 2008, S. 24.

58 Ebd., S. 12.

59 Belting (Ebd., S. 19) im Anschluss an Überlegungen des Mathematikers Brian Rotman.

60 Vgl. Donat de Chapeaurouge, *›Das Auge ist ein Herr, das Ohr ein Knecht‹. Der Weg von der mittelalterlichen zur abstrakten Malerei*, Stuttgart 1983, bes. S. 33-60.

61 Vgl. David Summers, *The Judgment of Sense: Renaissance Naturalism and the Rise of Aesthetics*, New York 1987, S. 32-34.

62 Vgl. die Darstellung der z.T. widersprüchlichen Ansätze bei Markus Friedrich, »Das Hör-Reich und das Sehe-Reich. Zur Bewertung des Sehens bei Luther und im frühneuzeitlichen Protestantismus«, in: Gabriele Wimböck, Karin Leonhard und Markus Friedrich (Hg.), *Evidentia. Reichweiten visueller Wahrnehmung in der Frühen Neuzeit*, Münster 2007, S. 451-479, bes. S. 451 f.

63 Michael Baxandall, *Die Wirklichkeit der Bilder. Malerei und Erfahrung im Italien der Renaissance*, Berlin 1990.

64 Mitchell, »Das Sehen zeigen«, S. 331 f.

65 Irit Rogoff, »Studying Visual Culture«, in: Mirzoeff (Hg.), *Visual Culture Reader*, S. 14-26, S. 22. Mieke Bal, »Sagen, Zeigen, Prahlen«, in: dies., *Kulturanalyse*, Frankfurt/Main 2002, S. 72-116, S. 80.

66 Vgl. dazu expl. Timothy Mitchell, »Orientalism and the Exhibitionary Order«, in: Mirzoeff (Hg.), *Visual Culture Reader*, S. 293-303.
67 Edward Said, *Orientalismus*, 2. neu übersetzte Aufl., Frankfurt/Main 2009, S. 11.
68 Ebd., S. 57.
69 Vgl. hier am Beispiel der Deutschen Islam Konferenz die erhellende Analyse von Levent Tezcan, *Das muslimische Subjekt. Verfangen im Dialog der Deutschen Islam Konferenz*, Konstanz 2012.
70 Ella Shohat und Robert Stam, »Narrativizing Visual Culture. Towards a Polycentric Aesthetics«, in: Mirzoeff (Hg.), *Visual Culture Reader*, S. 26-49, S. 46.
71 Das wohl meistzitierte und oft kommentierte Beispiel ist *Heart of Darkness* von Joseph Conrad, das zudem Francis Ford Coppolas auch aus der Perspektive der postkolonialen *Visual Culture Studies* höchst bemerkenswertem Film *Apocalypse Now* als Vorlage diente und somit gleich eine weitere Zeitschicht mit eröffnet.
72 Vgl. Fritz Kramer, *Schriften zur Ethnologie*, Frankfurt/Main 2005.
73 Mieke Bal, »Sagen, Zeigen, Prahlen«.
74 Mitchell, »Orientalism and the Exhibitionary Order«, S. 296 f.
75 Néstor García Canclini, *Hybrid Cultures. Strategies for Entering and Leaving Modernity*, erweiterte Ausgabe, Minneapolis 2005.
76 Mitchell, »Orientalism and the Exhibitionary Order«, S. 294 f.
77 Vgl. hierzu auch die Arbeiten Bruno Latours, explizit *Die Hoffnung der Pandora. Untersuchungen zur Wirklichkeit der Wissenschaft*, Frankfurt/Main 2000.
78 Zit. nach Irit Rogoff, »Studying visual culture«, S. 18.
79 Homi Bhabha, *Die Verortung der Kultur*, Tübingen 2000, S. 3.
80 Walter Benjamin, *Das Kunstwerk im Zeitalter seiner technischen Reproduzierbarkeit* (= Suhrkamp Studienbibliothek 1), Frankfurt/Main 2007, S. 15.
81 Ebd., S. 10.
82 Das ist auch eine der zentralen Annahmen von Marshall McLuhan. Vgl. hierzu die gute Auswahl: *Absolute McLuhan*, hg. von Martin Baltes und Rainer Höltschl, Freiburg 2006.
83 Martin Jay, *Downcast Eyes. The Denigration of Vision in Twentieth Century French Thought*, Berkeley, Los Angeles und London 1993.

84 Gottfried Boehm: »Iconic Turn. Ein Brief« und W.J.T. Mitchell: »Pictorial Turn. Eine Antwort«, in: Hans Belting (Hg.), *Bilderfragen. Die Bildwissenschaften im Aufbruch*, München 2007, S. 27-46, S. 27.
85 Ebd., S. 30.
86 Ebd., S. 31.
87 Ebd., S. 40.
88 Mitchell, *Bildtheorie*, S. 245.
89 Marita Sturken und Lisa Cartwright, »The Myth of Photographic Truth«, in: dies., *Practices of Looking: An Introduction to Visual Culture*, Oxford und New York 2001, S. 16-21.
90 *Kunstblatt*, 24.9.1839, S. 306.
91 Zu finden unter: http://blogs.cornell.edu/comm3400fa11tmw64/tag/digital-deception/
92 Jonathan Crary, *Techniken des Betrachters. Sehen und Moderne im 19. Jahrhundert*, Dresden und Basel 1996, S. 24.
93 Ebd., S. 57.
94 Peter Bexte, *Blinde Seher. Die Wahrnehmung von Wahrnehmung in der Kunst des 17. Jahrhunderts*, Amsterdam und Dresden 1999, S. 19.
95 Crary, *Techniken des Betrachters*, S. 53.
96 Ebd., S. 56.
97 Hermann von Helmholtz, *Handbuch der physiologischen Optik*, Leipzig 1867, S. 195.
98 Ders., »Der optische Apparat des Auges«, in: ders., *Populäre Wissenschaftliche Vorträge*, Zweites Heft, Braunschweig 1871, S. 3-98, S. 22.
99 Ebd., S. 24.
100 Ebd.
101 Ders., »Die Tatsachen in der Wahrnehmung«, in: *Schriften zur Erkenntnistheorie*, hg. von Paul Hertz und Moritz Schlick, Berlin 1921, S. 109-152, S. 122.
102 Vgl. dazu ausführlich Bernd Stiegler, *Belichtete Augen. Optogramme oder das Versprechen der Retina*, Frankfurt/Main 2011.
103 Hermann von Helmholtz, *Handbuch der physiologischen Optik*, Bd. 2, Leipzig 1867, S. 230.
104 Vgl. dazu Oliver Wendell Holmes, *Spiegel mit einem Gedächtnis. Essays zur Photographie*, hg. von Michael C. Frank und Bernd Stiegler, München 2011.

105 Stuart Hall, »Introduction: Who needs ›Identity‹?« in: ders. und Paul du Gay (Hg.), *Questions of Cultural Identity*, London und Thousand Oaks 1996, S. 1-17, S. 4.
106 Cindy Sherman, *Untitled Film Stills. Mit einem Text von Arthur C. Danto*, München 1990, S. 14.
107 Ebd., S. 11.
108 *Cindy Sherman im Gespräch mit Wilfried Dickhoff* (= Kunst heute 14), Köln 1995, S. 26.
109 Ebd., S. 10.
110 Die Formulierung (engl. *the given-to-be-seen*) stammt von Kaja Silverman, vgl. dies., »Dem Blickregime begegnen«, in: Christian Kravagna (Hg.), *Privileg Blick. Kritik der visuellen Kultur*, Berlin 1997, S. 41-64, bes. S. 58.
111 Vgl. Reinhart Meyer-Kalkus, »Blick und Stimme bei Jacques Lacan«, in: Hans Belting (Hg.), *Bilderfragen. Die Bildwissenschaften im Aufbruch*, München 2007, S. 217-235, S. 220.
112 Jacques Lacan, »Das Spiegelstadium als Bildner der Ich-Funktion, wie sie uns in der psychoanalytischen Erfahrung erscheint«, in: ders., *Schriften I*, Frankfurt/Main 1975, S. 61-70, S. 67.
113 Gerda Pagel, *Jacques Lacan zur Einführung*, 5. Aufl., Hamburg 2007, S. 23.
114 So spielt auch die Identifikation mit der Mutter bzw. die Bestätigung des Spiegelerlebnisses durch einen Zeugen eine prägende (und die Dimension der Sprache als intersubjektive Größe vorwegnehmende) Rolle, wie Lacan später ergänzte. Kinder, die ohne Spiegel aufwachsen, erleiden also keinen Schaden in ihrer Ich-Entwicklung.
115 Pagel, *Jacques Lacan*, S. 23.
116 Ebd., S. 24.
117 Ulrike Kadi, »›... Nicht so einen geordneten Blick.‹ Bild, Schirm und drittes Auge«, in: Claudia Blümle und Anne von der Heiden (Hg.), *Blickzähmung und Augentäuschung. Zu Jacques Lacans Bildtheorie*, Berlin 2005, S. 249-264, S. 254.
118 Pagel, *Jacques Lacan*, S. 30.
119 Lacan, »Das Spiegelstadium«, S. 64.
120 Pagel, *Jacques Lacan*, S. 34.
121 Althusser hat diese Nähe in seinem Buch *Freud und Lacan*, Berlin 1970, selbst unterstrichen.

122 Thomas Elsaesser und Malte Hagener, *Filmtheorie zur Einführung*, Hamburg 2007, S. 85.
123 Christian Metz, *Der imaginäre Signifikant. Psychoanalyse und Kino*, Münster 2000.
124 Jean-Louis Baudry, »Das Dispositiv: Metapsychologische Betrachtungen eines Realitätseindrucks«, in: Claus Pias u.a. (Hg.), *Kursbuch Medienkultur. Die maßgeblichen Theorien von Brecht bis Baudrillard*, 5. Aufl., Stuttgart 2004, S. 381-404, S. 399.
125 Laura Mulvey, »Visual Pleasure and Narrative Cinema«, in: dies., *Visual and Other Pleasures*, Bloomington und Indianapolis 1989, S. 14-26, auf Deutsch erschienen in: Liliane Weissberg (Hg.), *Weiblichkeit als Maskerade*, Frankfurt/Main 1994, S. 48-64.
126 Einen Überblick bietet Jui-Ch'i Liu, »Female Spectatorship and the Masquerade: Cindy Sherman's Untitled Film Stills«, in: *History of Photography*, Bd. 34,1 (2010), S. 79-89.
127 Linda Hentschel, *Pornotopische Techniken des Betrachtens. Raumwahrnehmung und Geschlechterordnung in visuellen Apparaten der Moderne* (=Studien zur visuellen Kultur 2), Marburg 2001, S. 10.
128 Vgl. Peter Widmer, *Subversion des Begehrens. Eine Einführung in Jacques Lacans Werk*, 4. Aufl., Wien 1997, S. 26-36.
129 Jacques Lacan, *Das Seminar, Buch XI: Die vier Grundbegriffe der Psychoanalyse*, Olten 1978, S. 81.
130 Kaja Silverman, *The Threshold of the Visible World*, New York und London 1996. Die dort entwickelten Thesen werden im Folgenden zitiert nach der komprimierten deutschen Teilübersetzung Silverman, »Dem Blickregime begegnen«.
131 Susan Sontag, *Über Fotografie*, Frankfurt/Main 1980, S. 84.
132 Silverman, »Dem Blickregime begegnen«, S. 47.
133 Zum Bedeutungshorizont bei Lacan, der z.B. auch Deckerinnerungen mit einschließt, vgl. Kadi, »›... Nicht so einen geordneten Blick.‹«, S. 256-260.
134 Silverman, »Dem Blickregime begegnen«, S. 62, Anm. 5.
135 Ebd., S. 50.
136 Ebd., S. 52.
137 Ebd., S. 59.
138 Ebd.
139 Silverman, *The Threshold*, S. 2.

140 Zu sehen unter: http://www.youtube.com/watch?v=lwueQrsTxXM und per Download unter: http://mediashed.org/duellists
141 http://www.ambienttv.net/pdf/facelessproject.pdf
142 http://www.nyclu.org/pdfs/surveillance_cams_report_121306.pdf
143 Leon Hempel und Jörg Metelmann (Hg.), *Bild - Raum - Kontrolle. Videoüberwachung als Zeichen gesellschaftlichen Wandels*, Frankfurt/Main 2005, S. 12.
144 Clive Norris, »Vom Persönlichen zum Digitalen. Videoüberwachung, das Panopticon und die technologische Verbindung von Verdacht und gesellschaftlicher Kontrolle«, in: ebd., S. 360-401, S. 379.
145 Dietmar Kammerer, »Are You dressed for it? Der Mythos der Videoüberwachung in der Visuellen Kultur«, in: ebd., S. 91-105, S. 104. Vgl. bes. ders., *Bilder der Überwachung*, Frankfurt/Main 2008.
146 Michel Foucault, *Dits et Écrits*. Schriften, Bd. 2, Frankfurt/Main 2002, S. 1016.
147 Vgl. zu einer Interpretation von CCTV als Gouvernementalisierung Susanne Krasmann, »Mobilität: Videoüberwachung als Chiffre einer Gouvernementalität der Gegenwart«, in: Hempel und Metelmann (Hg.), *Bild - Raum - Kontrolle*, S. 308-324. Dazu auch: Ulrich Bröckling, Susanne Krasmann und Thomas Lemke (Hg.), *Gouvernementalität der Gegenwart. Studien zur Ökonomisierung des Sozialen*, Frankfurt/Main 2000.
148 Susanne Krasmann, »Mobilität: Videoüberwachung als Chiffre einer Gouvernementalität der Gegenwart«, S. 316.
149 Ebd., S. 318.
150 Michel Foucault, *Überwachen und Strafen. Die Geburt des Gefängnisses*, Frankfurt/Main 1977, S. 288.
151 Peter Bexte, *Blinde Seher. Die Wahrnehmung von Wahrnehmung in der Kunst des 17. Jahrhunderts*, Amsterdam und Dresden 1999, S. 39.
152 »Sunglasses«, produziert für CORDAID, eine niederländische Hilfsorganisation, von der Agentur Saatchi & Saatchi Netherlands, Amstelveen. Photograph: Calle Stolze.
153 Kathryn Woodward, »Concepts of Identity and Difference«, in: dies. (Hg.), *Identity and Difference*, London u.a. 1997, S. 7-50, 2. Übersetzung nach Christina Lutter und Markus Reisenleitner, *Cultural Studies. Eine Einführung*, 6. Aufl., Wien 2008, S. 92.

154 Kalle Lasn, *Culture Jamming. Die Rückeroberung der Zeichen*, Leipzig 2005, S. 10.
155 Guy Debord, *Die Gesellschaft des Spektakels*, Berlin 1996, S. 16.
156 Ebd., S. 20.
157 Ebd., S. 15.
158 Ebd., S. 182.
159 Kalle Lasn, *Culture Jamming*, S. 144.
160 Roland Barthes, *Mythen des Alltags*, Frankfurt/Main 2008, S. 85.
161 Ebd., S. 93 und 97.
162 Ebd., S. 95.
163 Ebd., S. 98.
164 Ebd., S. 103f.
165 Ebd., S. 106.
166 Ebd. S. 107.
167 Ebd., S. 113.
168 Ebd., S. 87.
169 Ebd., S. 131.
170 Ebd., S. 65.
171 Rainer Winter, »Cultural Studies als kritische Medienanalyse: Vom ›encoding/decoding‹-Modell zur Diskursanalyse«, in: Andreas Hepp und Rainer Winter (Hg.), *Kultur – Medien – Macht. Cultural Studies und Medienanalyse*, 2. Aufl., Wiesbaden 1999, S. 49-65, S. 52.
172 Ebd.
173 Stuart Hall, »Encoding/Decoding«, in: ders. u.a. (Hg.), *Culture, Media, Language*, London 2006 [Reprint von 1980], S. 128-138, S. 137.
174 Rainer Winter, »Cultural Studies als kritische Medienanalyse«, S. 52.
175 Sturken und Cartwright, *Practices of Looking*, S. 59.
176 Andrew Tolson, *Mediations: Text and Discourse in Media Studies*, London u.a. 1996, S. 164, Übersetzung nach Lutter und Reisenleitner, S. 68.
177 Barthes, *Mythen des Alltags*, S. 122.
178 Vgl. Christine Harold, »Pranking Rhetoric: ›Culture Jamming‹ as Media Activism«, in: *Critical Studies in Media Communication*, Bd. 21,3 (2004), S. 189-211.
179 Kalle Lasn, *Culture Jamming*, Klappentext.
180 Ebd., S. 135.

181 Christoph Behnke, »Culture Jamming und Reklametechnik«, in: *web journal* v. 25.2.04 [http://www.republicart.net/art/concept/pofrev_de.htm], S. 2.
182 Tom Holert, »Bildfähigkeiten. Visuelle Kultur, Repräsentationskritik und Politik der Sichtbarkeit«, in: ders. (Hg.), *Imagineering. Visuelle Kultur und Politik der Sichtbarkeit* (= Jahresring, 47), Köln 2000, S. 14-33, S. 30.
183 Barthes, *Mythen des Alltags*, S. 117.
184 Ludwik Fleck, »Schauen, Sehen, Wissen«, in: ders., *Denkstile und Tatsachen. Gesammelte Schriften und Zeugnisse*, hg. von Sylwia Werner und Claus Zittel, Frankfurt/Main 2011, S. 390-418.
185 Ebd., S. 390.
186 Ebd.
187 Ebd., S. 390 f.
188 Ebd., S. 400.
189 Ders., *Entstehung und Entwicklung einer wissenschaftlichen Tatsache*, Frankfurt/Main 1980, Erstausgabe 1935.
190 Ders., »Schauen, Sehen, Wissen«, S. 410.
191 James Elkins (Hg.), *Visual Practices across the university*, München 2007, S. 7.
192 Wolfgang M. Heckl, »Das Unsichtbare sichtbar machen – Nanowissenschaften als Schlüsseltechnologie des 21. Jahrhunderts«, in: Christa Maar und Hubert Burda (Hg.), *Iconic turn. Die neue Macht der Bilder*, Köln 2004, S. 128-141, S. 128.
193 Ebd., S. 139.
194 Fleck, »Schauen, Sehen, Wissen«, S. 407.
195 Lorraine Daston und Peter Galison, *Objektivität*, Frankfurt/Main 2007.
196 Vgl. dazu Bernd Stiegler, *Bilder der Photographie. Ein Album photographischer Metaphern*, Frankfurt/Main 2006.
197 Vgl. dazu Roland Barthes, *Die helle Kammer. Bemerkung zur Photographie*, Frankfurt/Main 1989.
198 Vgl. hierzu Ohad Parnes, »Paul Kammerer und die moderne Genetik. Erwerbung und Vererbung verfälschter Eigenschaften«, in: Anne-Kathrin Reulecke (Hg.), *Fälschungen. Zu Autorschaft und Beweis in Wissenschaften und Künsten*, Frankfurt/Main 2006, S. 216-243.
199 Irit Rogoff, »Studying visual culture«, in: Nicholas Mirzoeff (Hg.), *Visual Culture Reader*, London und New York 1998, S. 14-26, S. 22.

200 Julia Voss, *Darwins Bilder. Ansichten der Evolutionstheorie 1837-1874*, Frankfurt/Main 2007, S. 16.
201 Ebd., S. 20.
202 Vgl. Ansgar Kemmann, »Evidentia, Evidenz«, in: Gert Ueding (Hg.), *Historisches Wörterbuch der Rhetorik*, Bd. 3, Tübingen 1996, S. 33-47.
203 Ebd., S. 115.
204 Ernst Haeckel, *Kunstformen der Natur*, München und New York 1998, darin auch bes. Olaf Breidbach, »Kurze Anleitung zum Bildgebrauch«, S. 9-18.
205 Ernst Haeckel, *Die Natur als Künstlerin*, Berlin 1913.
206 Olaf Breidbach, *Bilder des Wissens. Zur Kulturgeschichte der wissenschaftlichen Wahrnehmung*, München 2005, S. 125.
207 Dazu Johannes Stückelberger, *Wolkenbilder. Deutungen des Himmels in der Moderne*, München 2010.
208 Ludwik Fleck, »Über die wissenschaftliche Beobachtung und die Wahrnehmung im allgemeinen«, in: *Denkstile und Tatsachen*, S. 211-238, S. 233.
209 Für einen ersten Überblick siehe Martin Schulz, *Ordnungen der Bilder. Eine Einführung in die Bildwissenschaft*, München 2005 (eher aus kunsthistorischer Perspektive) und Klaus Sachs-Hombach (Hg.), *Bildwissenschaft zwischen Reflexion und Anwendung*, Köln 2005 (ein Sammelband mit einem weiten Spektrum an der Bildfrage interessierter Fächer).
210 Julia Gelshorn und Tristan Weddigen, »New Art History«, in: Ulrich Pfisterer (Hg.), *Metzler Lexikon Kunstwissenschaft*, Stuttgart/Weimar 2003, S. 252-254.
211 Clément Chéroux, *Diplopie. Bildpolitik des 11. September*, Konstanz 2011; W.J.T. Mitchell, *Das Klonen und der Terror. Der Krieg der Bilder seit 9/11*, Frankfurt/Main 2011.
212 Mieke Bal, »Visual Essentialism and the Object of Visual Culture«, in: *Journal of Visual Culture*, Jg. 1/2 (2003), S. 5-32.

Namenregister

Adorno, Theodor W. 142
Althusser, Louis 35-38, 41 f., 45, 96, 103, 119, 129, 133, 136 f., 170, 174
Argento, Dario 63
Armstrong, Gary 124
Assmann, Aleida 167 f.
Baecker, Dirk 169
Bal, Mieke 48, 53, 165, 171 f., 179
Balke, Friedrich 124
Barnard, Malcolm 25
Bartes, Martin 79
Barthes, Roland 52 f., 74, 106, 131-135, 137, 139, 142 f., 152 f., 177 f.
Baßler, Moritz 167
Bateson, Gregory 72
Baudrillard, Jean 79
Baudry, Jean-Louis 103, 110, 175
Bauman, Zygmunt 122, 124
Baxandall, Michael 44 f., 171
Beck, Ulrich 116
Behnke, Christoph 143, 178
Belliger, Andréa 170
Belting, Hans 42 f., 45, 171, 173 f.
Benjamin, Walter 10, 17, 65 f., 69, 79, 162, 167, 172
Bentham, Jeremy 121 f., 124
Bexte, Peter 95, 173, 177
Beyer, Andreas 157
Bhabha, Homi 58, 61, 172
Biernoff, Suzannah 45, 169
Bird, John 25
Blümle, Claudia 110, 174
Boehm, Gottfried 70 ff., 173

Böhme, Hartmut 167
Bohnenkamp, Björn 79
Bolz, Norbert 68, 160
Borch-Jacobsen, Mikkel 110
Bosch, Hieronymus 27 ff., 34, 39, 42, 121, 169, 171
Brecht, Bertolt 79, 175
Bredekamp, Horst 165
Breidbach, Olaf 157, 179
Bryson, Norman 45, 171
Burda, Hubert 178
Butin, Hubertus 165
Cameron, James 93
Canclini, Néstor Garcia 55, 61, 172
Carson, Fiona 25
Cartwright, Lisa 26, 79, 143, 157, 173, 177
Casel, Odo 170
Cassirer, Ernst 40 ff., 45
de Chapeaurouge, Donat 45, 171
Chéroux, Clément 163, 179
Conrad, Joseph 172
Coppola, Francis Ford 172
Crary, Jonathan 84 f., 95, 173
da Vinci, Leonardo 67
Danto, Arthur 97, 174
Darwin, Charles 153 f., 157, 179
Daston, Lorraine 151, 157, 178
Davis, Whitney 26
Debord, Guy 130 f., 140, 143
de Deguileville, Guillaume 169
Delacroix, Auguste 51
Derrida, Jacques 52

Descartes, René 85
von Dewitz, Bodo 95
Dickhoff, Wilfried 174
Diederichsen, Diedrich 165
Dikovitskaya, Margaret 26, 165, 168
Douglas, Mary 33, 170
Doy, Gen 26
du Gay, Paul 174
Dupré, Dietlind 169
Dupré, Wilhelm 169
Elkins, James 23, 26, 149, 157, 162 f., 165, 168, 178
Elsaesser, Thomas 110, 175
Engell, Lorenz 79
Evans, Jessica 23, 26, 168
Fahle, Oliver 79
von Falkenhausen, Susanne 165
Fiedler, Leslie 65
Flaubert, Gustave 49
Fleck, Ludwik 144-150, 155 f., 178
Flusser, Vilém 68, 106, 160
Foucault, Michel 49, 52 f., 93, 118-122, 124, 135, 162, 176
Frahm, Laura 79
Frank, Gustav 165, 168
Frank, Michael C. 173
Frank, Thomas 143
Freud, Sigmund 10, 174
Friedrich, Markus 171
Frohne, Ursula 124
Galison, Peter 151, 157, 178
Galton, Francis 57
Ganz, David 45, 169
Geertz, Clifford 16, 167
Gelshorn, Julia 179
Gérôme, Jean-Léon 51

Gibson, Walter 169
Glaser, Renate 167
Gramsci, Antonio 119, 137
Grau, Oliver 95
Greenblatt, Stephen 167
Gross, Dominik 157
Haas, Alois M. 169
Hackings, Paul 61
Hackman, Gene 112
Haeckel, Ernst 155, 179
Hägele, Ulrich 61
Hagener, Malte 110, 175
Hahn, Cynthia 39, 170
Hall, Stuart 22 f., 26, 58, 61, 79, 137 f., 143, 168, 174, 177
Hansen, Klaus P. 168
Harold, Christine 177
Heckl, Wolfgang M. 178
von der Heiden, Anne 110
Helas, Philine 165
von Helmholtz, Hermann 86 ff., 90 ff., 173
Hemingway, Andrew 165, 168
Hempel, Leon 124, 176
Hentschel, Linda 93, 95, 104, 175
Hepp, Andreas 143, 177
Hertz, Paul 173
Heywood, Ian 26
Holert, Tom 26, 124, 143, 178
Holly, Michael Ann 26, 45, 171
Holmes, Oliver Wendell 92, 173
Höltschl, Rainer 79, 172
Horkheimer, Max 142
Howells, Richard 26
Huntington, Samuel P. 167
Ingres, Jean-Auguste-Dominique 51

Jay, Martin 69, 172
Jenks, Chris 26
Jones, Amelia 26
Kadi, Ulrike 174 f.
Kammerer, Dietmar 117, 124, 176
Kemmann, Ansgar 179
Kemp, Martin 157
Kittler, Friedrich 68, 95, 160
Koch, Karl 122 f.
Kocur, Zoya 26
Köhnen, Ralf 95
Kramer, Fritz 52, 172
Krasmann, Susanne 176
Kravagna, Christian 26, 110, 174
Krieger, David J. 170
Lacan, Jacques 100-105, 107, 110, 120, 174 f.
Landrock, Franz 46
Lang, Fritz 111
Lange, Barbara 165
Lasn, Kalle 129, 131, 140, 143, 177
Latour, Bruno 172
Lehnert, Rudolph 46
Lemke, Thomas 176
Lentes, Thomas 45, 169 f.
Leonhard, Karin 171
Leuthner, Roman 170
Levin, Tom 124
Liebrand, Claudia 79
Liu, Jui-Ch'i 175
Lohoff, Markus 157
Lotman, Jurij M. 167
Luserke, Matthias 167
Luther, Martin 44, 171
Lutter, Christina 143, 177
Lyon, David 124

Maar, Christa 178
Mach, Ernst 81, 88
Marijnissen, Roger H. 169
Mayer, Anton L. 170
McLuhan, Marshall 79, 172
Merleau-Ponty, Maurice 51
Mersch, Dieter 79
Metelmann, Jörg 124, 176
Metz, Christian 103, 175
Meyer-Kalkus, Reinhart 174
Min-ha, Trinh T. 58
Mirzoeff, Nicholas 22 ff., 26, 38, 61, 110, 168, 171 f., 178
Mitchell, Timothy 56
Mitchell, W.J.T. 17, 23, 26, 44, 70 ff., 79, 163, 165, 167 f., 171 f., 179
Morra, Joanne 26
Moxey, Keith 26, 40, 45, 171
Mulvey, Laura 104, 110, 175
Napoleon 49 f.
Negreiros, Joaquim 26
Nekes, Werner 95
Nelson, Robert S. 45, 170
de Nerval, Gérard 49
Newman, Barbara 171
Nikolaus von Kues 31, 37, 169
Norris, Clive 117, 124, 176
Orwell, George 112, 122
Overdick, Thomas 61
Pagel, Gerda 110, 174
Pajaczowska, Claire 25
Panofsky, Erwin 40 ff., 45
Parnes, Ohad 178
Peltier, A.C. 170
Pfisterer, Ulrich 169, 179
Philipp II 30, 40

Pias, Claus 79, 110, 175
Reisenleitner, Markus 143, 177
Reulecke, Anne-Kathrin 178
Roesler, Alexander 79
Rogoff, Irit 23 f., 48, 168, 171 f., 178
Rösch, Perdita 167
Rotman, Brian 171
Rousseau, Jean-Jacques 13
Sachs-Hombach, Klaus 157, 179
Said, Edward 48 f., 61, 172
Sandywell, Barry 26
Schade, Sigrid 26, 168
Schirato, Tony 26
Schlick, Moritz 173
Schmid, Hans-Christian 122
Schneider, Irmela 79
Schneider, Norbert 165, 168
Schnitzler, Norbert 170
Schreiner, Klaus 170
Schröter, Jens 95
Schulz, Martin 179
Schüssler, Gosbert 169 f.
Schwarze, Werner Michael 61
Schwering, Gregor 124
Scott, Ridley 62
Scott, Tony 111
Sealy, Mark 58, 61
Sherman, Cindy 96-99, 102, 104, 106 ff., 174 f.
Shohat, Ella 51, 61, 172
Silverman, Kaja 105-110, 175
Simpson, O.J. 75
Smith, Marquard 26
Smith, Will 112
Sontag, Susan 106, 175
Spivak, Gayatri 58, 61

Stäheli, Urs 124
Stam, Robert 51, 61, 172
Starkey, Kathryn 45, 170
Stiegler, Bernd 79, 95, 173, 178
Stolze, Calle 176
Stückelberger, Johannes 179
Sturken, Marita 26, 79, 143, 173, 177
Summers, David 171
Talbot, William Henry Fox 74
Tammen, Silke 169
Tezcan, Levent 172
Tolson, Andrew 177
Tucker, Jennifer 157
Virilio, Paul 68, 160
Vogl, Joseph 79
Voss, Julia 153 f., 157, 179
Warburg, Aby 16, 162, 167
Webb, Jen 26
Weddigen, Tristan 179
Weibel, Peter 124
Weishaupt, Adam 123
Weissberg, Liliane 110, 175
Wenk, Silke 26, 168
Wenzel, Horst 45, 170
Westermann, Stefanie 157
Widmer, Peter 175
Wilson, Anton 122
Wimböck, Gabriele 171
Winter, Rainer 143, 177
Woodward, Kathryn 176
Zielinski, Siegfried 79, 95
Zittel, Claus 178
Žižek, Slavoj 110
Zurawski, Nils 124

Abbildungsverzeichnis

Abb. 1: Hieronymus Bosch, *Die sieben Todsünden und die letzten vier Dinge*, um 1480, in: Roger H. Marijnissen, *Hieronymus Bosch. Das vollständige Werk*, Köln 2002; Abb. 2: Detail von Hieronymus Bosch, *Die sieben Todsünden und die letzten vier Dinge*, um 1480, ebd.; Abb. 3: Lehnert & Landrock, »Ein neugieriger Junge.« Tunis, ca. 1910, in: Lehnert & Landrock. *Orient 1904-1930*, hrsg. von André Rouvinez, Heidelberg 1998, Abb. 47; Abb. 4: Filmstill aus Ridley Scott, *Blade Runner*, USA 1982; Abb. 5: Filmstill aus Ridley Scott, *Blade Runner*, USA 1982; Abb. 6: Vergleich von Auge und Camera obscura, frühes 18. Jhd, in: Jonathan Crary, *Techniken des Betrachters: Sehen und Moderne im 19. Jahrhundert*, Dresden und Basel 1996, S. 59. Bild; Abb. 7: Underwood & Underwood, *Stereophoto*, in: Bernd Stiegler, *Reisender Stillstand*, Frankfurt/Main 2010, S. 123; Abb. 8: Cindy Sherman, *Untitled Film Stills, #2*, 1977, in: dies., *The Complete Untitled Film Stills*, München 2003, S. 95; Abb. 9: Filmplakat von CCC Film zu Fritz Lang, *Die 1000 Augen des Dr. Mabuse*, BRD 1960, online: www.movieposterdb.com/poster/eeb0876d, letzter Zugriff: 15. Mai 2012; Abb. 10: Cordaid, Sunglasses, online: adsoftheworld.com/media/print/cordaid_sunglasses?size=_original, letzter Zugriff: 22. Mai 2012; Abb. 11: Faksimile von Ludwik Fleck, »Patrzec, widziec, wiedziec«, in: *Problemy* 2 (1947), S. 74-84, S. 74; Abb. 12: Aufnahme aus Ludwik Fleck, »Schauen, Sehen, Wissen«, in: ders., *Denkstile und Tatsachen. Gesammelte Schriften und Zeugnisse*, hrsg. von Sylwia Werner und Claus Zittel, Frankfurt/Main 2011, S. 390-418, S. 391.

Herzlichen Dank an das Ludwik Fleck Zentrum, Collegium Helveticum, Zürich.

Marius Rimmele ist Akademischer Mitarbeiter im Fach Literatur – Kunst – Medien an der Universität Konstanz. Zahlreiche Aufsätze zur kulturellen und medialen Einordnung historischer Bilder. Buchveröffentlichungen: (Hg. mit K. Marek u.a.), *Bild und Körper im Mittelalter*, München: Fink 2006 (2. Aufl. 2008); *Das Triptychon als Metapher, Körper und Ort. Semantisierungen eines Bildträgers*, München: Fink 2010; (Hg. mit D. Ganz), *Kleider machen Bilder. Vormoderne Strategien vestimentärer Bildsprache*, Emsdetten/Berlin: Edition Imorde 2012; (Hg. mit G. Blum u.a.), *Pendant Plus – Praktiken der Bildkombinatorik*, Berlin: Reimer 2012.

Bernd Stiegler ist Professor für Neuere deutsche Literatur mit Schwerpunkt 20. Jahrhundert im medialen Kontext an der Universität Konstanz. Buchveröffentlichungen u.a.: *Bilder der Photographie. Ein Album photographischer Metaphern*, Frankfurt/Main: Suhrkamp 2006; *Theoriegeschichte der Photographie*, München: Fink 2006; *Montagen des Realen. Photographie als Reflexionsmedium und Kulturtechnik*, München: Fink 2009; *Reisender Stillstand. Eine kleine Geschichte der Reisen im und um das Zimmer herum*, Frankfurt/Main: S. Fischer 2010; *Belichtete Augen. Optogramme oder das Versprechen der Retina*, Frankfurt/Main: S. Fischer 2011.